ホリスティック教育ライブラリー⑧

持続可能な教育と文化

深化する環太平洋のESD

日本ホリスティック教育協会
永田佳之・吉田敦彦 編

せせらぎ出版

刊行によせて

財団法人ユネスコ・アジア文化センター（ACCU）
理事長　佐藤　國雄

「持続可能な開発のための教育」（ESD）はその概念の広さ、深さ、さらに指し示している教育の姿も、語る人によって違うようであり、簡潔な説明はなかなか難しい。しかしながら、このESDが、先進国、途上国を問わず、現在の教育の姿にあきたらない多くの人々の気持ちを捉えているというのもまた事実であり、そこには、数多くの真摯な実践が存在しています。本書のもとになった環太平洋国際会議「ESDへのホリスティック・アプローチ‥アジア太平洋地域における〈つながり〉の再構築へ」に集った人たちは、まさしく、教育のあり方を常に問い続けながら、持続可能な未来のための教育を実践する人たちでした。

参加者それぞれの自らの体験に根ざした濃密な議論のなかで、さまざまな感情が交錯したようです。本書には、ここで初めて出会った参加者たちが、詩や絵や、歌や、ヨガの基本、さまざまな手法で、伝え合い、分かち合おうとした軌跡が記録されています。

これまで私は「日本人は自然を大切にする国民である」となんとなく思っていました。どこの家にも小さな庭があれば、そこにわずかばかりの樹木を植えて季節の花を愛するとか、鉢植えの花を狭い玄関に並べていたからです。しかし個人住宅が次々に取り壊されマンションに建て替えられると昔からの樹木は例外なく切り倒されます。自然は個々の「家」の中だけで守られて、もっと広い空間では忘れられてしまいます。公園のような公共空間がコモンズとして作られるのは稀です。そして私たちは今、息苦しい人工的な空間で携帯電話やネットで他の人々に「つながる」という極めて表面的な人間関係の中に暮らしています。日本が見失った「つながり」の持つ掛け替えの無さを外国からの参加者が改めて気づかせてくれました。

私たちが直面している世界的な政治・経済の不安定さや深刻化する環境問題がどのような要因から派生してきているのか本当のところはよく分かりませんが、このような人間関係の希薄さも重要な一因だと考えられます。もちろん世上いわれているように徹底した市場主義により煽られ、止まることを知らない人間の欲望も大いに貢献しています。その場限りの弥縫策《びほうさく》によりバラバラに対処されてきた結果が今日の姿です。いままでとは違った道がある。それを教育に求めようというESDの動きの中で、今回の試みは危機感を共有する参加者が素晴らしい雰囲気でお互いに心を開いて文化の違いを乗り越え共通の経験とされたことは重要な一歩となったことと思います。

今回のワークショップはターマン教授をはじめとして参加者の多くから、今後私たち一人ひとりが身に着けるべきロール・モデルをいただいたことにより貴重な経験になりました。私たち全員がホリスティック・アプローチの重要性を認識し、自分なりの文化に根ざした方法で他の人々に「つながって」いくことによりESDのメッセージを伝えていくことが大切です。また本書の刊行により今回のワークショップやシンポジウムに参加できなかった人々と大切な経験を共有できることにも大きな意義があります。

たぶん、このままではデカルト的な各領域別のアプローチがとられて、この「持続可能な開発のための教育の一〇年」（DESD）が終わる二〇一四年には少しも事態は変わっていないどころか、むしろ悪化していることが心配されます。もちろん教育だけで大きな変化をもたらすことには限界があることは承知の上で、私たちはそのチャレンジを引き受けなくてはなりません。今回、日本ホリスティック教育協会がそのチャレンジを引き受けられたことに敬意を表します。ユネスコ・アジア文化センター（ACCU）が国際教育交流事業の一環として、そのような真摯なご努力を支援できたことは幸いです。

序　ESD（持続可能な開発のための教育）を支えるもの

日本ホリスティック教育協会代表　吉田　敦彦

持続可能な開発は、たしかに自然環境に関する科学、経済や政策決定の問題を含むが、それは先ずもって文化の問題でもある。……

この教育のヴィジョンは、持続可能な未来に向けて必要な認識や技能を育てるとともに、価値観や態度や暮らし方に変化を生み出すための、ホリスティックで総合的なアプローチを強調する。

――松浦晃一郎（ユネスコ第八代事務局長）、二〇〇二年ヨハネスブルク・サミット講演より。

(UNESCO 2004, *Educating For A Sustainable Future*, p. 28–29)

ディレンマの多い生活のなかで、まず何を大切にすべきか。その価値判断の積み重ねが、この社会を形作っていきます。何を願い、幸せだと感じ、どんな喜びを喜びとしながら生きていくか。小さなことからから大きなことまで、一人ひとりの優先基準が、人類と地球の未来を決めていきます。

昼食に何を食べるか。子どもがどんな人間に育ってほしいと願うか。たとえば、地場産の有機野菜で弁当をつくるか、多国籍企業のファーストフードを外食するか。子どもの健やかな成長と、国際競争に勝ち抜ける経済成長との、どちらを優先して教育するか……。地域に根ざした文化とグローバル化する文明の間で、簡単に割り切ることのできない日々の選択を迫られています。

その選択と価値観を支えているもの、あるいは規制しているものは、何なのでしょう。心の持ち方の問題だけでもなく、社会システムの問題だけでもないように思います。複雑に絡み合った社会の構造的なシステムは、いまやあまりにも巨大で、一人ひとりにできることは、とても小さく思えます。大切にすべきことを大切にしようとしても、そうできる範囲はあまりにも狭く、無力感に襲われることもあります。他方で、それでもこのままでよいはずはない、このままでは、すべてが続かなくなってしまう、いま一度、何を喜びとして生きるか、自らの生き方、暮らし方を見直したい、そう問い始めている人たちもたくさんいます。持続可能な暮らしを支えるESD文化への問い。

葛藤のなかで問いを抱えたそういう仲間が支え合い、したたかに私たちの文化と社会のあり方を選び直していくつながりを、少しずつでも紡いでいきたい。そう願って、日本ホリスティック教育協会とユネスコ・アジア文化センター（ACCU：Asia/Pacific Cultural Centre for UNESCO）は、環太平洋国際会議「ESDへのホリスティック・アプローチ：アジア太平洋地域における〈つながり〉の再構築へ」（以下、「環太平洋国際会議」と略す）を二〇〇七年夏に開催しました。本書は、それを契機に生み出されたつながりの記録であり、そのつながりをこれから広めていくためのメッセージです。

ESDのホリスティックな課題と「文化」の次元

素晴らしいパートナーシップを築くことのできたユネスコ・アジア文化センターは、三〇年以上にわたって地道な文化協力・教育協力事業に取り組み、現在は「持続可能な開発のための教育 ESD：Education for

Sustainable Development」に力を注いでいますが、ＥＳＤの「ホリスティックな課題」について、次のように明記しています。

ＥＳＤは、環境、社会、経済という三つの領域と、これらの領域は、相互に複雑に関連していることに注目しつつ、進める必要があることから、きわめてホーリスティック（全体論的）な課題です。さらに、文化のこれら三つの領域と関連をどう考えるのか、また、精神・こころという人間の内面的な側面はどのように位置づけられるのか、これらは、ＥＳＤ関連の国際会議などで、しばしば指摘される課題です。

http://www.accu.or.jp/esd/jp/about_esd/index.html

このホリスティックな課題意識、とくに、「社会」、「環境」、「経済」という三つの領域との連関に、それを媒介する「文化」がどのように関わり、また「精神・こころという人間の内面的な側面」がどう関わるのか、という点について、日本ホリスティック教育協会とユネスコ・アジア文化センターは、深く共鳴するところがありました。また、『ＥＳＤ一〇年国際実施計画のための枠組み』（UNESCO 2006, Framework for the UN DESD International Implementation Scheme）には、その冒頭で、「この計画では、持続可能な開発の鍵となる社会、環境、経済という三つ領域を、その基底となる次元としての文化culture as an underlying dimensionとともに、提示する」と記されています。

すでに環境、社会そして経済の領域のＥＳＤに関しては、日本でも環境教育や

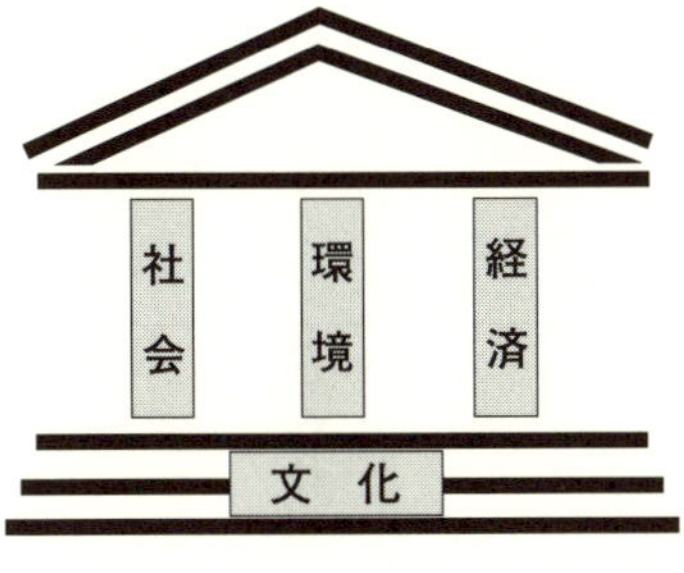

図１　ESDの３本柱とそれを支える文化

開発教育の先達たちの尊敬に値する取り組みがあります。それらと連携しながら相互に補完しあうことができるように、特にこの「文化」に焦点を当ててＥＳＤを深めていきたい、というのが私たちの願いです。そのために、環太平洋国際会議への参加呼びかけ文には、次のように記しました。

持続可能な社会を創出していくためには、社会の開発と人間の発達についてのホリスティックな理解枠組みが必要です。とりわけグローバリゼーションの波がアジア太平洋地域にも強い影響を及ぼす中で、それぞれの地域に根ざした文化の伝承すべき価値や智恵と、更新すべき旧弊とを明確に見分け、未来の子どもたちに私たちが真に伝えるべきことを探求したいと思います。その際に重要なのが、社会的経済的な観点のみならず、文化的内面的な観点であり、前者を人間と社会との水平的な広がりであるとすると、後者は、文化のルーツや精神的価値との垂直的な深まりだと言えます。ホリスティックなアプローチとは、その両者を視野に入れつつ、従来のＥＳＤのアプローチをより深化させていこうとするものです。

この国際ワークショップ・シンポジウムでは、アジア太平洋の各地から、持続可能な暮らしを支えてきた文化の智恵に根ざし、それを未来へ向けて現代の教育に活かしていこうとしている実践家や理論家が集まって、地域に根ざした多様な文化での試みをシェアしつつ、そこに共有すべき普遍的な価値を見出していきたく思います。

この呼びかけに応えて各国から集ってくださった方々の論考を、本書のＩ部に収めて紹介するとともに、このホリスティック教育ライブラリー第八巻の編集にあたっては、日本でＥＳＤに向けて活躍中の方々に、以下のような趣旨を述べてご協力いただきました。

本書の編集の趣旨

●ホリスティック教育ライブラリー第六巻『持続可能な教育社会をつくる／環境・開発・スピリチュアリティ』、および第七巻『学校に森をつくろう／子どもと地域と地球をつなぐホリスティック教育』という既刊を踏まえて、本巻では、（入門的であるよりも）すでにＥＳＤに向けて意識をもち、さまざまな取り組みをしている読者に向けて、一歩踏み込んだメッセージを発信したいと思います。

●それは、第六巻で阿部治氏もご紹介くださったＥＳＤ－Ｊの左図でいえば、「ＥＳＤのエッセンス」にあたるコアの部分に迫りたい、ということです。

ＥＳＤに取り組んでいる多様な○○教育が、お互いを尊重し合いながら補完的な協働を促進していけるように、なかなか表現しにくいエッセンスですが、本書を通してそれを探求したいと思います。

●「社会」・「環境」・「経済」というＥＳＤの三本柱と、それらの基底にある「文化」という捉え方は、ユネスコＥＳＤ関連文書や今回の国際会議でのコナイ・ターマン女史の基調講演でも言及されています。それぞれのＥＳＤの活動がしっかりとそこに根を下ろす土壌としての「文化」への視点。環太平洋国際会議では、各地域のローカルな文化に根ざしたＥＳＤに焦点が当たり、それぞれに固有の内発的な発展を尊重することの大切さとともに、そのような多様な文化の根底にある、お

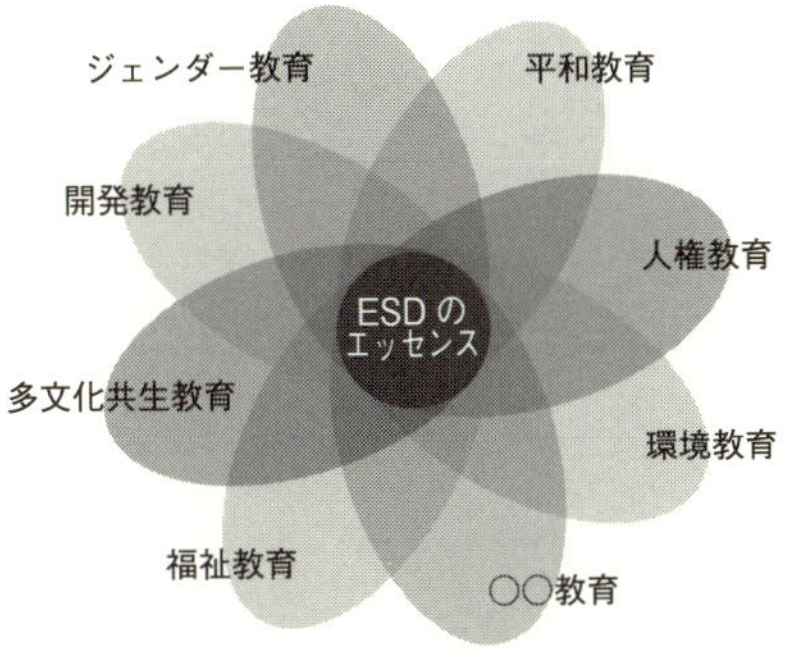

作成：ESD-J（2003）

互いに深いところで響き合うような何か（エッセンス）にも触れることができたように思えます。暮らしと風土に根ざした伝承文化から学びつつ、未来へ向けて、私たちはどのようにＥＳＤ文化を創造し、共有していくことができるのでしょうか。

●「ＳＤ（持続可能な開発）のためのＥ（教育）」には、「ＳＥ（持続可能な教育）のためのＤ（開発）」という視点も大切です。子どもが健やかに成長発達を続けていけるように、それを支援しようとする教育の立場から、子どもにとって環境や社会や経済がどうあるべきかを考えて実践するとき、その学びの場とプロセスは必然的にサステイナブルなものへと向かいます。国際プログラムで紹介された学校の取り組みは、そのような事例でもありました。環境問題の解決という目的のために、あるいは開発問題の解決という目的のために、教育をその手段として利用するだけでなく、子どもの全人的な発達を中心（コア）において、そのために必要な教育方法や適切な環境、社会、経済の活動を創りだそうとするとき、ＥＳＤの各分野は出発点と目標をより共有しやすくなると思われます。

●持続可能な開発、その教育、生き方には、たえずディレンマがあります。そのディレンマにセンシティブに考え、デリケートにアプローチできればと思います。たとえば、「心のもち方」と「社会・経済のシステム・構造」との間で、二者択一的にどちらかに割り切ってしまうのではなく、そのつながり方（媒介の仕方）を問いながら、ていねいに議論（対話）を深めていきたいと願っています。――そして、その二つを媒介する様式としても、「文化」に着目することは、一つの有効な視点となるのではないか、と問いかけてみたいのです。

このような趣旨で本書は編集されました。力及ばず、不十分な点も多々ありますが、今後の対話へ向けて、ひとつの問いかけとなれば幸いです。

持続可能な教育と文化　深化する環太平洋のESD　もくじ

II　ESDへのホリスティック・アプローチ

column

I　環太平洋国際会議からのメッセージ

プロローグ

深まりのプロセス

ある国際会議の軌跡

環太平洋国際会議事務局長　永田　佳之

いつのまにか国際会議が当たり前の時代になりました。グローバリゼーション、経済協力、文化交流、自然保護、地球温暖化対策など、ありとあらゆるテーマを冠した国際会議が毎週どこかで開かれています。たしかに、普段は会うことのままならない異国の人同士が、顔を合わせて共通の関心事や問題について話し合えるようになったことは喜ばしいことでしょう。しかし、ここで立ち止まって考えてみたいのです。星の数ほど行われてきた国際会議の中で、実りある成果が結ばれたのはどれほどあるのか、と。

国際会議の意義はどこにあるのでしょう。それを測るモノサシはさまざまでしょうけれど、国際セミナーやワークショップの企画・運営に一〇年あまり携わってきた筆者の場合、気づけば次の二点について自問するようになっていました。第一に、会議の参加者一人ひとりに何らかの形で自己変容がもたらされたかどうか、第二に、参加者を超えて成果を分かち合えるだけの開かれたメッセージが生み出されているかどうか、です。つまり、国際会議は、一に参加者自身の満足、二に参加者以外の他者の満足となることが望ましいと言えましょう。このあたりに多くの手間暇と資金をそそぐ国際会議の真価が問われているのではないでしょうか。

二〇〇七年七月末、盛夏の日差しのもと、小さな集いに国境を越えて人々がやってきました。「持続可能な開発のための教育（ＥＳＤ）」について話し合うために、アメリカ（ナバホ・ネイション）、インド、インドネシア、オーストラリア、韓国、ブータン、南太平洋諸島（フィジー）、ロシア、ニュージーランド、日本の一〇ヵ国（地域）から三三人の専門家や教師が聖心女子大学に集ったのです。日本ホリスティック教育協会およびユネスコ・アジア文化センターの共催によるこの環太平洋国際会議のテーマは「ＥＳＤへのホリスティック・アプローチ：アジア太平洋地域における〈つながり〉の再構築へ」でした。海外からの参加者は、グローバリゼーションの席巻する状況下でも、みずからの「根っこ《ルーツ》」を大事にしながらＥＳＤを実践する教育者や持続可能な社会形成のための教育理論の提唱者であり、日本からはユネスコ協同学校を含めた小学校から大学までの教師やＮＧＯの職員などが参加しました[1]。

国際会議の内容は、基調講演、ワークショップ、

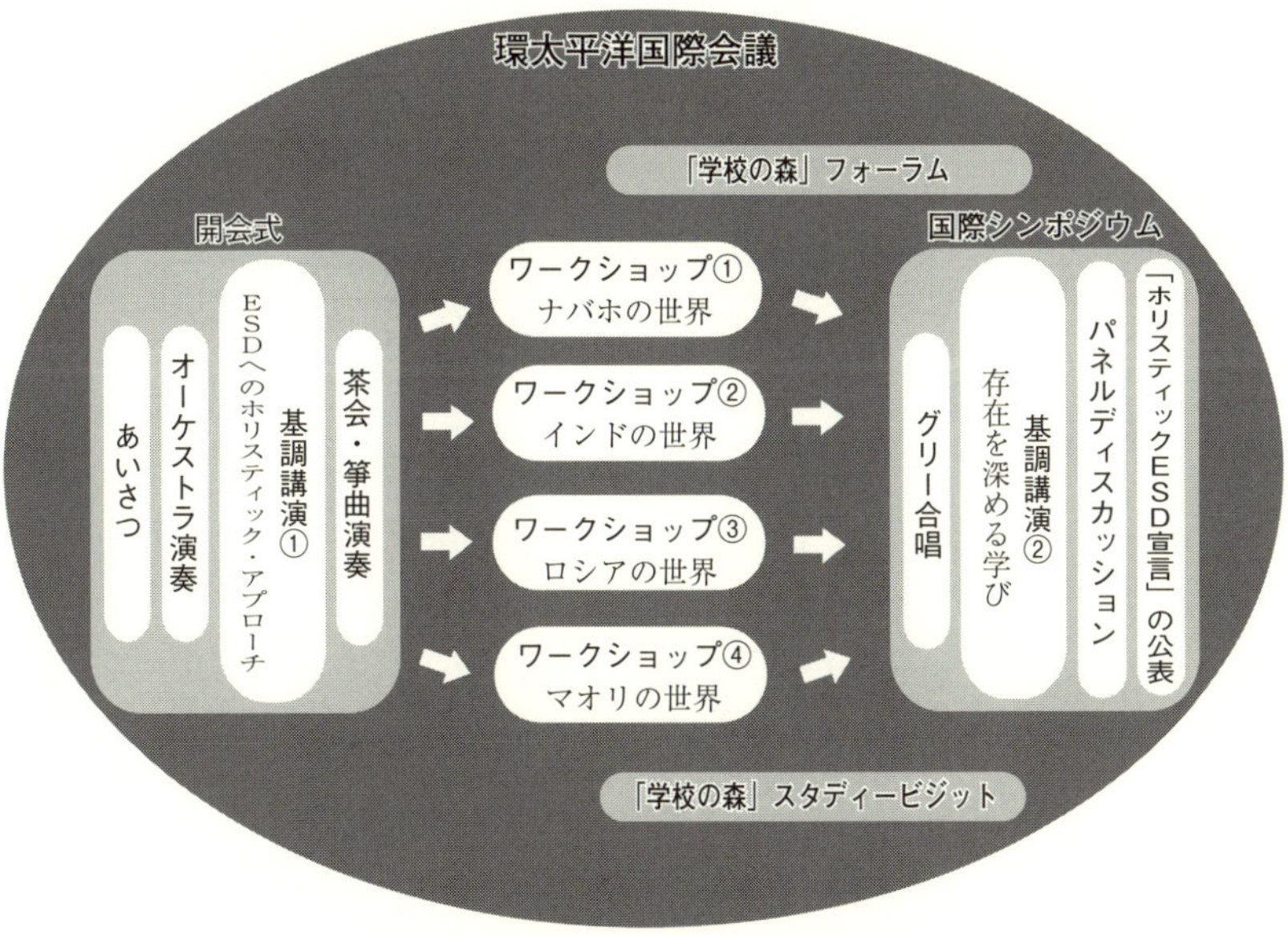

図1　環太平洋国際会議の構成

フォーラム、スタディービジット、交流会、国際シンポジウムと多彩であり、フォーラムとシンポジウムのみ一般公開で行われました。日本発のESDの事例として新潟県の「学校の森」を紹介したフォーラムおよび海外でのESDの実践や理論を伝え、「未来の子どもたちに、今私たちが伝えたいこと」をテーマにした国際シンポジウムでは多くの聴衆が海外ゲストらのメッセージに耳を傾けました。

国際会議の主な構成を図示すると、図1のようになります。参加者全員が基本的なメッセージを共有するための基調講演を初日に行い、続いて個性豊かな講師によるワークショップを四本設けました。そして基底にあるメッセージを再び共有できるように、最終日の国際シンポジウムでももう一つの基調講演を設けたのです。イメージとしては、束ね役の基調講演二本にサンドイッチされる形で自由闊達な議論が交わされるワークショプやその他の企画が位置づけられるという構成です。

二本の基調講演では、具体的な実践例というよりも、ESDの地下鉱脈に触れるような大きなメッセージを扱うことにしました。ESDとは、技術的な課題を越えて、子どもとかかわる教師の生き方や大人社会のあり方じたいが問われること、またESDとは人間存在の深まりのプロセスであることなどが伝えられたのです。

一方、国際会議の中心ともいえるワークショップでは、具体的な実践事例について各国の実践家に抽象度の低い言葉で語ってもらいました。持続可能な未来へとつながる文化の継承や新たな文化の創造に、ESDを通してどう取り組むのか――これらの重要課題を前に、米国（ナバホ・ネイション）やロシア、インド、ニュージーランド（マオリ）から独自の文化をホリスティックに育んでいる教育実践家たちに各地のローカルな知恵を紹介してもらい、持続可能な社会形成に向けた文化的基層（根っこ）について集中討議を行ったのです。

＊＊＊

さて、冒頭でふれた国際会議のモノサシで計ると、このプログラムはどう評価されるのでしょうか。国際会議終了後に書いてもらった参加者の感想や評価を読むかぎり、第一の点、つまり参加者個人の変容については一定の評価をいただいたようです。国際会議終了後に、ユネスコの専門家は「これほどまでにエネルギーと心意気に満ち、それらが自由闊達に分かち合われた会議にこれまで参加したことはなかった」と感想を語ってくれました。また基調講演者は「自分自身の理論的な展望が問われ、再認識と再考のプロセスがはじまった」と自己変容について述べ、さらに「対話や議論によって、期待をはるかに越えて、ホリスティック教育およびESDに関する理論を深めることがかなった。この影響は今後も私の著作に影響を及ぼし、今度のプレゼンテーションやワークショップに影響を与えることは確かだ」と語っています(2)。

実は、右の言葉をいただいたティーズデイル氏からは、初日の基調講演で「CO_2を大量に出すような飛行機に乗って世界中から東京に集まり、クーラーの効く部屋で何時間も討議する意味はどこにあるのか」というやや手厳しい問いかけをされていたために、右の感想をもらったときは、主催者の一人として胸を撫で下ろしたという経緯があります。

では、第二の点、すなわち、会議に参加しなかった個人や団体にとっても意味のあるメッセージが生み出されたのか否かについてはどうでしょう。この本は、まず共有されたメッセージを明らかにするために、そしてそのメッセージを一般読者の方々に届け、評していただくために編まれたと言えます。

このように書いていて、普遍性のあるメッセージを明らかにするなど、言うは易し行うは難しであるとつくづく思うのです。六日間という限られた時間の中で初めて出会った者同士が共有したメッセージを、その場に居合わせなかった人々にも通じるような表現に変換するのは至難の業なのかもしれません。

ともあれ、参加者一人ひとりにとって国際会議は特殊な時空であったことはお伝えしたいと思います。ニュージーランドからの参加者は国際会議終了後の感想でこう述べています。「この国際会議はアジア太平洋地域の理解を深めたという意味においてこの上なく貴重だった。文化的な違いは認めながらも、一人の人間の魂がまた別の魂と出会えるように架橋され、調和のうちに各々が独立して立っているような感じだった」。

前掲のユネスコの専門家による言葉にも示唆されているように、時には笑い、時には涙する濃密な時間の中で強烈な人格と人格とが出会いながら、それでいてバラバラにはならなかったのです。そこには、たまたま気の合う仲間が集ったということ以上の何かがあったと言えましょう。以下、この「何か」を意識しながら、素描ではありますが、ワークショップで起きた〈出来事〉の稜線をたどり、国際会議の〈深まりのプロセス〉の一端をお伝えします。

ナバホの涙

初日、国際会議は、聖心女子大学のオーケストラ部の演奏ではじまりました。平和と共生をイメージした学生たちによる選曲には「ホール・ニュー・ワールド」や「スタンド・バイ・ミー」「ふるさと」が含まれ、世界各地から集ったゲストの心を一つにしてくれました。続いて、豪州のフリンダース大学国際教育研究所長として、また南太平洋大学の「太平洋地域基礎教育普及イニシアティブ」代表としてアジア太平洋地域の教育発展に長年寄与してきたボブ・ティーズデイル氏の温和な語り口ではじまった基調講演。持続可能な暮らしとは何かを改めて問うことを狙った講演は、聴衆を現代社会から千年前の村の生活へとトリップさ

オーケストラ部による演奏

せてくれました（本書Ⅰ-1）。さらに、自己紹介ゲームや学生による歓迎の箏曲演奏と茶会が開かれ、和やかな雰囲気の中、参加者同士の親睦も徐々に深まっていきました。

このようにプログラムは順調にテイクオフしたかに見えましたが、そのプロセスが一気に深まったのは一本目のワークショップの途中からでした。講師はアメリカのナバホ・ネイションのディネ・カレッジ教授、ハーバート・ベナリー氏です。氏はネイティブ・アメリカンのナバホ族の中でもメディスンマンの家系の出自です。それだけに彼の精神はナバホの大地にしっかりと根付いており、その実践と理論はグローバリゼーション時代の文化の持続可能性を吟味するには貴重なケースと言えましょう（Ⅰ-3）。

誰もが予想だにしなかった出来事が、自民族の思想や価値観を誇りとするベナリー氏が「デス・ウォーク」に象徴される悲惨な自民族史を語り終えようとした時に起きました。それまで気負いなく話し続けていたベナリー氏がいきなり目を閉じ、黙り込み、むせびかけたのです。しばらくの沈黙の後、民族についての語りを続けることができたものの、沈黙時の、民族の悲しみを背負ったかのような氏の姿と忍びの表情、そして瞼に浮かべた涙は聴衆の脳裏に焼きついたのでした。

＊＊＊

つづいて開かれたのは、インドのクリシュナムルティの学校、リシヴァリー・スクールから参加したヴィジェンドラ・ラモラ氏でした。氏は冒頭からナバホの涙について言及しました。「涙には二種類あり、ひとつは自分のために泣く者が流す涙である」。これは、私たちが、みずからの望みが叶わないときや、競争で負けたときに流す「自分のための涙」を指します。小さな子どもの泣きべそからスポーツ選手の悔し涙まで、多くの涙がこの類です。一方、自分のことではなく、他人のことを想って流す涙もあります。自分の力ではどうしようもない世の不条理に対して、人は悲嘆にくれ、涙するときがあります。こうした、他者の苦痛を想い流す涙が「他者のための涙」です。

ラモラ氏は強調しました。これら二種類の涙のうち、後者、すなわち、「他者のための涙」こそ人類にとって価値があり、それに値するベナリー氏の涙はことさら意義深かった、と。

ラモラ氏の学校は、インドの中でも恵まれた環境にある全寮制の学校です。しかし、そこで子どもたちは基礎学力を身につけるのみならず、弱者への想いや人類愛を習得しています。いわば「他者のための涙」が隠れたカリキュラムとして内在している学校共同体であり、持続可能な社会形成に対して多くのヒントを与えてくれる実践なのです（Ⅰ-4）。

＊＊＊

つづいて開かれたのはロシアのサンクトペテルブルグ郊外にあるヒューマニタリアン・スクールの校長であるヴァシリー・セメンツォフ氏のワークショップです。氏は冒頭でこう切り出しました。「まずお許しを請いたい。なぜなら、私は他者のために泣いたことなど一度もないからである。正直に申し上げて、涙するときは、いつも自分のためである」。

外国人ゲストの中でももっとも恰幅がよく大男のセメンツォフ氏が、あまりにも謙虚な姿勢でこのように言い出したので、聴衆はどう受け止めてよいのやら分からず、途方に暮れました。しかし、講演が進むにつれ、セメンツォフ氏が他者の苦しみを日常で背負うような慈愛の教育者であり、「ヒューマニタリアン」という名称のごとく、学校は人類愛にあふれた場であることが理解されていったのです（Ⅰ-5）。

語源について語るセメンツォフ氏

セメンツォフ氏の話の中でくり返し強調されたのは、彼の学校が標榜するのは「人間中心主義」という意味でのヒューマニズムではないということです。セメンツォフ氏自身はギリシャ正教の敬虔な信者であり、校舎内にも特別な礼拝堂があります。そんな氏が「自分のために涙する」とはどういうことなのでしょうか。

塩っぱい涙には言うまでもなく、塩分が含まれています。食物が腐ることを防ぐ塩の効用については古代から知られており、聖書にも「塩」という言葉が随所に見られます。「地の塩」や「塩の契約」など、聖書の「塩」はよい作用を及ぼしたり、清めたりする表象として記述されているのです（レビ記、マタイ、マルコ、エゼキエル書など）。セメンツォフ氏も聖書に言及し、魂を清め、罪を洗い流す浄化の作用が塩にはあることを主張していました。私たちは涙することにより清められているのです、と。

「自分のための涙」は神との対話の中で流された涙だったのです。セメンツォフ氏は本当の意味で他者とつながることができるのは、神との対話を通してであると信じてやみません。それは、現実世界における自らの無力や不条理を受けとめ、自己を真摯にまなざすという厳しい行為であり、氏の涙には、他者と出会おうとするが本当の意味での出会いがままならない、自分に対する浄化と再生の意味合いが込められていたと言えましょう。

表現者としてのファシリテーター

ヒューマニタリアン・スクールでは芸術を重んじ、子どもたちは詩や俳句をよく創ります。というのも、芸術によって右脳がはぐくまれると、神聖なメッセージも感受できるようになると考えられているからです。セメンツォフ氏によれば、右脳は精神的なメッセージの受信機《レシーバー》であり、左脳はその翻訳機《トランスレーター》なのです。

このように考える校長みずからも詩を創ります。ワークショップではその一つが披露されました。初日の開会式で聴いたオーケストラのバイオリンと、歓迎会として披露された琴の音色に魅せられて、セメンツォフ氏自身がその晩に作成した次の詩で、彼の話は締めくくられたのです。

私が正しいとき、
私は弦のようである。

真っ直ぐで張りがあり、調子の合った琴やバイオリンが奏でるように歌える。

私が誤っているとき、
私の弦は引きちぎられている。ひねられ、くるくる状になっている。

曲がった弦では、琴やバイオリンと同じように奏でることはままならない。

しかし、私は、歌うことによって報われる。

ここに告白する。私はまちがっていた。けれども、弦の張りを回復することにより、私の魂は歌えるように強くなる。


この詩に続いて、セメンツォフ氏は次のように問いかけました。なぜ現代ロシアの六歳児はロシア語の詩を愛し、歌を慈しむのに、ティーンエイジャーとなると外国語のロックしか聴かないのか、と。それは、彼らの「内なる弦」の調子が合っていないからであると氏は主張します。現代の教育は、ストレス社会のせいか管理社会のせいか、いとも容易に心の弦を緩ませ、その結果、子どもの精神も身体もたるんでしまうのです。

本当の調子合わせ《チューニング》は単に緩める《リラックス》こととは違うことを、「琴やバイオリン」は教えてくれます。現代の教育では、翻訳機としての左脳があまりにも肥大化し、いつのまにか持続不可能な社会をつくってしまった人間の、知識を越えた叡智を受けとめる受信器としての右脳がおざなりにされています。現代の教育を困難にしている背景には、「内なる弦（string）」がたわみ、「精神性への緊張（strain）」が欠如し、適切な要求（constrain）を大人の方が見誤っていることがあるとセメンツォフ氏は指摘します。

このように、「弦」も「緊張」も「適切な要求」も、セメンツォフ氏によれば、すべて語源を一にしているのです。ワークショップの節々で、言語学者であり、愛情あふれる教育者である氏は言葉の襞《ひだ》を探っていく作業を通して豊かな語源の世界と希望の世界へと私たちを導いてくれました。

最後のワークショップを開いたニュージーランドのヘザー・ペリ氏も、セメンツォフ氏と同様に聴衆を引きつける表現者でした。ペリ氏は白人ですが、海外体験の後にみずからのアイデンティティを希求するようになり、マオリの文化に心酔し、マオリ語もマオリの精神もみずからのものとして体得していった教師です（I-6）。さらに興味深いことに、ヨーロッパで誕生したシュタイナー教育の枠組みの中でマオリの文化を織り交ぜて授業を展開しているのです。まさに〈境界〉を生きる教育実践者であると言えましょう。

はじめに、ペリ氏は日本の学校の先生と一緒にマオリ語による歌を透き通るような声で披露し、マオリの精神でワークショップルームをみなぎらせました。また、参加者全員で輪になって、玉と紐でできた手作りの遊具でマオリの伝統的な遊びを体験しました。講義の前の身体ほぐしです。このようにワークショップは、理論の紹介や討議だけでなく、ファシリテーターみずからが表現者となり、自民族の歌や踊り、自作の詩などが節々に織り込まれた共鳴のプロセスとなりました。こうした営みが後述する相乗作用に少なからぬ影響を与えていたと思われます。

体ほぐしを楽しむペリ氏と参加者

ＥＳＤ山の頂への道

涙という想定外のトピックひとつ取っても、多様な解釈と各々の想いが交差するほど、ワークショップでは気の抜けない議論がくり返されました。ただ、国際会議の責任者としていつも安心して聴いていられたのは確かです。それはどうしてでしょう。

はじめに涙したベナリー氏も「我々の問題は、我々だけが抱えている問題ではない、ということを学んだ。私たちが世界市民として、自分たちの相違を克服して、ひとつになれるかも知れないということに希望を見出した」と感想を述べています。先のニュージーランドの参加者の言葉にも表わされていたように、こうした感想は大半の参加者に共有されていたと思われます。各々の価値観や世界観はあまりにも異なるのですが、各地域でしんどい思いをしながらもそれぞれが目指すのは持続可能な社会形成であることは暗黙の了解であり、こうした共通認識がある種の安心感を与えてくれていたのだと思われます。

このことが参加者全員の意識として共有されたのが、セメンツォフ氏のワークショップの後に基調講演者のティーズデイル氏が「ＥＳＤ山」の譬え話をした時でした。各ワークショップの終わりに「束ね役」のティーズデイル氏はコメントを求められました。毎回の白熱戦を短い言葉に表現するのは、まとめ方しだいで再び百家争鳴の状況になりかねないだけに、大役です。しかし、氏は落ち着いた面持ちでチョークを持ち、裾野の広い山を黒板に描き始めたのです。そして次のように語りました。「私たちは当然ながら異なる価値観のもとに各々の道を歩んでいる。しかし、私たちは同胞である。なぜなら、持続可能な社会を目指して日々、それぞれの持ち場で努力を積み重ねているからだ。この山を『ＥＳＤ山（Mt. ESD）』と呼ぼう。頂きへとつながる道は険しく、また登るペースもそれぞれに違うけれども、互いに励まし合うことは可能であり、今ここで実際にそうしているのである」。

ESD山について語るティーズデイル氏

「フュージョン・ファン」と「カカラ」

ワークショップ二日目のことでした。ロシアの講演者のセメンツォフ氏が質疑応答の最後に謙った姿勢で「これからする反論をお許しいただきたい」と、基調講演者のティーズデイル氏が初日の話の中で使用した言葉を批判し始めました。その言葉は「フュージョン（fusion）」です。

ティーズデイル氏は伝統文化と近代的文化との共存を象徴的に表わしている具体例として、南太平洋諸国の日常で使われている扇子《せんす》（ファン）を紹介しました（42頁）。それはティーズデイル氏が南太平洋のナウルという国を訪れたときに贈られた色鮮やかな美しい扇子でした。ナウルの扇子はかつては島の椰子の繊維のみで作られていましたが、今では伝統的な素材に鮮やかな色合いのプラスチックの糸を織り合わせて作られています。氏が受け取った扇子は、古いものの良さと新しいものの良さとを融合する教育の象徴、ひいては多元的な社会の象徴としての贈り物です。それは、異質なもの同士が融合（フュージョン）するという意味を込めて、「フュージョン・ファン」と名づけられたのです。

ところが、言語学者でもあるセメンツォフ氏は、「フュージョン」の語源は「混乱（コンフュージョン）」と同じであり、それは共生・共存という文脈にはふさわしくない言葉であると言うのです。

それに対して、ティーズデイル氏はいったん批判を受け入れた上で、代案を示しました。講演の中では、ニュアンスは異なるけれど、同義の「シンクレティズム（形容詞は「シンクレティック」）」も使用されており（42頁）、こちらの方がふさわしいのではないかと提案したのです。セメンツォフ氏はじめ、参加者一同の溜飲が下がった瞬間でした。「シンクレティズム（syncretism）」とは、一緒（syn）に創造（cretism）していくことだと語源研究者でもあるセメンツォフ氏は強調していました。

また「フュージョン（シンクレティック）ファン」と同様に、もう一人の基調講演者であるコナイ・ターマン氏も多元的な社会のあり方に関するシンボルを示してくれました。次に掲げるのは彼女自身による詩です。

来て、このカカラを取ってください
それは、私たちがひとつであることの象徴
カカラを、あなたの周りに付けてください
それは育ってゆくでしょう
豊かな流れの中で
大空だけが知っています
それがどこで育ってゆくのかを

この詩で詠われているカカラは南太平洋の島々で作られてきた伝統的な首飾りです。南太平洋の香しい花々を摘み取り、紐で環状にした花の首飾り。大切な来客などに歓待の気持ちを込めて捧げ、首に掛けるのが伝統です。

カカラはまた、詩にも表わされているとおり「ひとつらなり」、つまり人々の連帯や共生の象徴でもあります（64頁）。色とりどりの個性ある花々＝文化がひとつらなりとなって共に環をつくるという象徴としてのカカラは多元的社会のあり方をも表わしています。トンガなどの南太平洋諸国では、カカラは、受講者自身の独自の文化を取り込むことを意図した教員養成カリキュラムのフレームワークの名称としても使われているそうです（Thaman, 2007, p. 98–99）。

伝統的な首飾り、カカラ

朱に交われど赤くならず

「八月四日に行われた討議、ことに『宣言』(3)の文言を準備していた時の議論は、一週間のやりとりで最も重要なものであった。議論を通して、新しい考えや理論的視点などを掘りおこす結果になった」。これはティーズデイル氏の事後評価に書かれていた感想です。

この言葉のとおり、国際シンポジウム前日の討議は国際会議のクライマックスであったと言えます。当初の予定どおり、最終日の前日、ワークショップの総括をする時間を迎えました。幾度にもわたって熱い議論を重ねてきた結果自分たちは何を学んだのかを考える、ふり返りのセッションであり、翌日のシンポジウムで聴衆に伝えるメッセージを共有する機会でもありました。

ワークショップの討議で出てきた「フュージョン・ファン」や「シンクレティズム」を巡る議論を通して、参加者は皆、イメージを共有していながら言葉にならない何かを掴みかけていたのです。

ある参加者が「持続可能な社会に必要なのは、シンクレティズムだ」と言うと、「いやそれは母国の言葉では上手く訳出できない。『シンフォニー（symphony）』ではどうか、反意語の『カコフォニー（cacophony）＝不協和音』という語もある」。さらに、「『カクテル（cocktail）』の方が親しみやすい」。「いやそれでは深みが表わせない。響き合う結果、互いに高め合うような相乗効果を表わす『シナジー（synergy）』はどうか」……。議論は白熱し、延々と続きそうでした。結果、「シンクレティズム」と「シナジー」という語が、持続可能な社会にとって重要なキーワードであることが確認されました（Nagata and Teasdale, 2007, p. 35）。つまりこれらの言葉は、朱に交われば赤くなるのではなく、朱色がかったとしても染まりきらない、他者に理解を示しながらも、自らの根っこを大事にし、はぐくんでいくような共同体のあり方なのです。

討議を重ねた末に新たなコンセプトが生まれたわけではありません。しかし、これまでさしたる注意も払わずに使用していた言葉について意識化が行われ、きめ細かな使い分けができるようになったことの意味は、参加者一人ひとりにとって大きかったと言えましょう。

ユネスコ本部に提出されたこのワークショップの英文報告書には、この時の議論をふり返って次のように記されています（ibid., p. 35)。

　ワークショップの話し合いの中で、「持続可能な開発のための教育」との関連性を見出すことを求めて、参加者は「シンクレティズム」という言葉について相当に深いレベルまで探求した。ロシアからの参加者のヴァシリー・セメンツォフが示唆したように、異なる要素を「ブレンド」したり、「フューズ」したりする際、人はまったく新たな物質を創り上げるのであり、もとの要素は析出できない。しかし彼の提言によれば、「シンクレティズム」であれば、次のような仕方で要素を一緒にすることが可能となるのだ。つまり、要素同士によって新たな物質が生まれるのであるが、それにもかかわらず、その要素は独立した存在として識別できるのである。シンクレティズムの考え方は持続可能な開発のための教育に携わる教師にとってより適している、と彼は考える。

右記の文章に続いて、報告書では、一つの要素では決して生まれ得ないことが、二つの異なる要素が出会うことにより、達成可能になることもあり、そうした事態を「シナジー」と呼ぶ、と論を展開しています。まさに個性豊かな者同士の出会いと響き合いによって思わぬ相乗効果が次々と生まれた国際会議の営みそのものと言えるでしょう。

「文化」をテーマにするということ

ナバホの涙からはじまった深化のプロセス。参加者はそれぞれに他者と語り合い、そして自らと対話しました。ここまでの深まりは筆者にとっても初めての経験でした。

これまでと何が違うのか。おそらく私たちが経験した国際会議は、教育がトピックであったけれども、「文化」の問題に正面から取り組んだ――この点が他の会議との違いなのかもしれません。

文化を語る時、一人ひとりの参加者はみずからの根っこ《ルーツ》を確かめざるを得ません。特にグローバリゼーションが席巻し、急速に文化の多様性が消失しつつある現代社会においては、文化はあらゆる問題の根幹につながるキーワードです。今会議の参加者はそうした切実な問題に日常で向き合っている人々でした。

みずからの文化を見つめ直すことはみずからの存在そのものへの問い直しでもあります。当然ながら、コロニアルの時代からグローバリゼーションの時代に至るまでの自民族に課せられた不条理に対する想いが重なり、涙し、浄化され、そして同様の感覚を共有する仲間と希望を分かち合ったのです。

ワークショップの討議で「シンクレティズム」という言葉が出てきたのは必然であったのかもしれません。あまりに異質な根っこ（文化）をもった者同士が集中的に討議して、理解し合えないことは確かにあります。通例、議論を煮詰めれば煮詰めるほど、双方の溝は深まってしまうものです。しかし、それでも一緒に居られることがあり、そうした空間は、自然と相手の人格を尊べるようなエートスに支配されていると言えましょう。それをみずから体験し、自分たちが今ここで身を置いている時空を成り立たせているカラクリを自身で析出する過程で生まれた言葉が「シンクレティズム」だったのです。

一時は、歴然とした価値観の相克になるかと思われた議論も、最終的にはひとつの宣言へと収斂されていきました。おそらく「シンクレティズム」の議論を通して何かひとつの「まとまり」が表現できるという実感を皆がもてたのでしょう。基調講演およびワークショップでの議論に出てきたポイントが四点に集約され、国際シンポジウムで読み上げられるに至ったのです（詳しくは、208頁）。

以上、〈出来事〉の一端を素描してみました。詳しくは、この後に続く国内外の参加者による論考を読んでいただければと思います。そこに見出せるメッセージが読者の皆さんの「深まり」へと継がれるのであれば、国際会議の世話人としてこれ以上の喜びはありません。

まずは「一千年前の村」へといざなわれるティーズデイル氏の基調講演から出発しましょう。

註

（1）ユネスコ協同学校とは、ユネスコが推し進めている理念を学校現場で実践することを目的とした学校。ユネスコ本部の認定を受けた学校どうしは、相互のネットワークを活用して、生徒間・教師間交流や情報交換、地球規模の問題に若者が対応するための教育プログラムの開発などを行っている。二〇〇七年現在、初等学校から大学や教員養成学校まで、一七五ヵ国における約七八〇〇校の学校が参加している。

（2）その他の評価については次の報告書の一八七－一九三頁、二〇七－二〇八頁を参照のこと。*Roots and Wings: Fostering Education for Sustainable Development – Holistic Approaches towards ESD* (Final Report of International Workshops and Symposium: Holistic Approaches towards Education for Sustainable Development (ESD): Nurturing "Connectedness" in Asia and the Pacific in an Era of Globalization). (eds.) Yoshiyuki Nagata and Jennie Teasdale. Japan Holistic Education Society and Asia/Pacific Cultural Centre for UNESCO (ACCU).

（3）「ホリスティックＥＳＤ宣言」のこと。詳しくは二一〇頁を参照されたい。

引用・参考文献

Nagata, Y. and Teasdale, J. (2007), *Roots and Wings: Fostering Education for Sustainable Development – Holistic Approaches towards ESD* (Final Report of International Workshops and Symposium: Holistic Approaches towards Education for Sustainable Development (ESD): Nurturing "Connectedness" in Asia and the Pacific in an Era of Globalization). Japan Holistic Education Society & Asia / Pacific Cultural Centre for UNESCO (ACCU).

Teasdale, G. R. (2007), 'Holistic Approaches towards Education for Sustainable Development' in Nagata and Teasdale (2007), pp. 77–86.

Thaman, H. Konai (2007), 'Learning to Be: a Perspective of Education for Sustainable Development in Oceania' in Nagata and Teasdale (2007), pp. 87–103.

Reagan, Timothy (2000), *Non-Western Educational Traditions: Alternative Approaches to Educational Thought and Practice*. LEA: Lawrence Erlbaum Associates, Publishers.

■基調講演 I ①■

1　ESDへのホリスティック・アプローチ

文化に根ざした未来への回帰

G・R・ボブ・ティーズデイル
オーストラリア
フリンダーズ大学国際教育研究所前所長

ボブ・ティーズデイルさんと出会ったのは国立教育政策研究所が開催したユネスコ・セミナーでした。以来、彼が所長を務めていた南オーストラリア州のフリンダース大学国際教育研究所での在外研究員時代を含め、一〇年近くの間、彼の研究や生き方から大切なメッセージを頂いてきました。

ティーズデイルさんの専門は教師教育、国際理解教育、教育開発など多岐にわたりますが、ESDと出会い、彼は多様な関心領域をひとつの束として収斂していたったように思われます。

そんな彼のESDに対する軸にはブレがありません。「国連・持続可能な開発のための教育の一〇年」の元年、東京で開催する国際シンポジウムの企画に向けた助言を求めた際も、「持続可能性をテーマにするのなら、校舎の空間、教師と生徒との関係性、ひいては我々大人の生き様までをも問われるようになる」と、教育のあり方を問うプロセスとしてESDを捉える重要性を主張されていました。ティーズデイルさんは今、南オーストラリアのカンガルー島で妻のジェニーさんとともにエコ・ハウスを造り、サステイナブルな生活のあり方をみずから探求し、この問いの中を生きています。

（永田　佳之）

こんにちの教育者が直面する、この上なく重要な課題は、持続可能な未来に向けて若者を育成することです。このことは、世界のあらゆる地域におけるすべての教育者にとってのチャレンジです。人類の未来は危機に瀕しています。私たちが今後二五年間、持続可能なやり方で暮らすことを学ばなければ、この星の生きとし生けるものすべてはその存在を脅かされるでしょう。こうした見解を支持する科学者は増えており、それは多くの研究成果に基づいています。

しかし、教育者として私たちは、地球環境の苦しみの解消を科学者に委ねてばかりはいられません。次世代の守り手として、導き手として、私たちがなすべき重要な役割があるのです。つまり、「持続可能な開発のための教育」を提供するための効果的な方法を見出すことを最優先の課題としなければならないということです。したがって、日本ホリスティック教育協会およびユネスコ・アジア文化センターが二〇〇七年の国際会議のテーマとしてこのことを明確に打ち出した、その先見の明を祝福したいと思うのです。この一週間、皆さんと一緒に作業することを通して、日本、そして世界の教育者にとっての明確で現実的なガイドラインを提示したいという望みを私は抱いています。

まず、ひとつのストーリーから始めたいと思います。私と妻のジェニーは南オーストラリア州の沖合にあるカンガルー島に環境的にサステイナブルな家を創ろうとしております。(2) 冬には暖かな太陽光を取り入れ、暑い夏には涼しく過ごせるように巧みにデザインされた循環型の住環境がそこにあります。電気を起こすのは太陽だのみです。お風呂・洗濯・台所で使う水は雨水だのみです。作物のとれる庭も造られています．残飯は肥料となります。家の周りには木々が植えられています。

今年のはじめ、私と妻は、この島に東京の私立大学の三年生の学生たちを迎えて、二週間の環境学習プログラムを実施しました。プログラムの一環として、生徒は私たちの家と島内のもう一件のサステイナブルな家の詳細に関するケース・スタディを行いました。そして後に、これらの家々の調査からどんな教訓を学び、東京での生活に何を活かすのかと尋ねてみたのです。彼（女）らの返答はどのようなものだったでしょうか。たしかに私たちが達成しようとしていたこととその背景にある理由に彼（女）らは理解を示していました。しかし、そうした試みは東京ではまったく非現実的なものであり、大都市でサステイナブルな家を建造しても仕方ないことであると感じ取っていたのです。こうした感覚は、特にエアコンや電気を存分に使えるような快適さに慣れてしまった人々にとっては納得のいくものでしょう。

彼（女）らはとても賢く優秀な学生であり、その答えは正直なものでしょう。想うに、学生たちの態度は世界中の都市で暮らす恵まれた若者の典型的なものなのでしょう。今述べたストーリーは私たちがどんな課題に直面しているのかを表わしています。次世代が持続的な暮らしができるように、いかなる準備をすればよいのでしょう。持続可能な開発というアイデアは彼（女）らの生活においていかに実際のものとなるのでしょうか。

「持続可能な開発」を再考する

現在、ユネスコの主導する「持続可能な開発のための教育の一〇年（ＤＥＳＤ）」の三年目を半ば過ぎたところですが、この「一〇年」はどのようなインパクトをもたらしているのでしょう。いかにして「持続可能な開発」を現実のものとするための手助けとなっているのでしょう。個々人のレベルで、教育者としての私たちに、そして私たちの教えることに、何か特段の影響を与えてきたのでしょうか。後者の質問は誠実に答えるのに値します。ＤＥＳＤに呼応する形で皆さんの教え方や学び方に変化はあったのでしょうか。

ユネスコの「一〇年（ＤＥＳＤ）」のウェブサイトには、とても重要な言葉や素晴らしい考えが見られます(3)。しかし、これらは各国の教室での実践に移されているのでしょうか。そう願いますが、確証はありません。「持続可能な開発」とはとても抽象的な概念であり、その重要性は認識できても、誰か他の人の責任に転嫁することもとても容易なのです。

ここで焦点を絞って考えてみましょう。「持続可能な開発」を「サステイナブルな暮らし」と考えてみてはいかがでしょうか。暮らしとは、いつの時代でも私たちが営んできたものです。この表現はより具体的であり、より深いレベルで個々人に責任感を与えてくれることが期待できます。私たち一人ひとりは個人的にサステイナブルに暮らす必要があるのですから。

次なる私の提案は、「持続可能」とは何かを尋ねることです。それは、私が辞書を調べたかぎりでは、ハーモニーとバランスに関連する概念です。したがって、私は、「持続可能な開発」を、環境との調和ある暮らし、そして人間相互の調和のある暮らしとして捉えています。人間相互の暮らしという観点から、このことが意味するのは、少なくとも私たちは受けるのと同じだけお返しするということなのです。つまり、私たちの人間関係のありとあらゆる側面においてハーモニーとバランスをもつということなのです。

この調和のある暮らしに努めるということは、次の有名な平和の祈りの言葉として最も的確に表わされていると言えるでしょう。それはアッシジの聖フランシスコによって八〇〇年前に書かれた言葉です。「ああ、聖なる主よ、私を、慰められることより慰めることを、理解されるよりも理解することを、愛されるよりも愛することを、求めるものにしてください。なぜなら人に与えるならば、私も受けることができ、人を許すならば自分も許され（中略）るからです[4]」。これらの言葉には、人間関係の相互性についての奥深い教訓があると言えましょう。

次に、環境という観点からは、「サスティナブルな暮らし」が示唆するのは、地球から受け取るのと同じだけ地球にお返しをするということです。もしくは次のように表わすこともできます。現在のグローバルな考え方の流れに沿って言えば、その意味するところは、個々人がみずからのライフスタイルを通して大気中に発散している炭素に対して責任をとることなのです。これは大きなチャレンジです。この点、いかに私たちは調和を実現できるのでしょうか。私たちが排出したのと同量の炭素をどのようにして大気から取り戻すことができるのでしょうか。これは、抽象的で仮説的な問いではなく、私たち一人ひとりがこの数年で直面し、何らかの行動をとらねばならないことです。「炭素クレジット」という言葉をグーグルで検索してみて下さい。いかに多くの議論や討論が行われているのかがお分かりになるでしょうし、あなた自身が責任を負うべくして排出している炭素がどれくらいのものか算出できるでしょう。

ここまでの話をまとめると、生徒たちを環境的に、そして相互に調和ある生活を営めるように手助けをすること――このことを通して、ＤＥＳＤの課題に取り組むことは早急になされるべきことです。しかし、そのためには、文化的・精神的に根ざすような基盤に則った効果的な手法を開拓しなくてはなりません。私たちはまた実際例を示して導くことも必要であり、自分自身がロール・モデルとなることが肝要なのです。つまり、バランスのとれた、もちつもたれつある（interconnected）やり方で生活を営む技法を、私たち自身が常に繰り返し学び続けていくことなのです。

私たちの文化的・精神的基盤を探る

ここで、時代を遡って私たちの祖先の村へと旅してみましょう。五〇〇～六〇〇年、いや一〇〇〇年前まで遡ることを提案したいと思います。その頃は、ほとんどの祖先は小さなコミュニティで暮らしていました。遊牧民の大家族だったり、村の共同体だったり、親族が集う農場の大家族だったり、小さな市場のある街の共同体だったりします。この旅は単に想像上のものではありません。歴史学や社会人類学、哲学、言語学、音楽、芸術など、私たちを導いてくれる研究の成果は多く存在します。小さな孤立した共同体に関する近年のカルチュラル・スタディーズもまた啓発的であると言えましょう。

自分たちの先祖の村々への訪問者として、私たちは我慢づよい観察者になる必要があります。経験したことを記録し、見聞きしたことについて熟考するのです。ともすればカルチャー・ショックを体験するかもしれません。話されている言葉が理解できないかもしれません。しかし、もっとも大きなチャレンジは、自らの近代的で科学的な思考法や知識の獲得の仕方を払拭することであると言えましょう。私たちの大半は機械的な世界観をもって、客観性や予測、合理性を重んじて育ちました。しかし、私たちは産業革命以前、現代科学誕生の時代を超えて遡る旅に出ることにしましょう。村で生活を営む祖先は今とはまったく違うやり方で現実世界を認識していました。私たちは彼（女）らの知識体系や信仰に自分たちを開いていく必要があります。それは、たとえば、次のようなことです。

精神的なるもののあり様

まず私たちが気づくのは、村の日常生活で精神的なるものが隅々まで浸透していて、その中に個々人の生活が在るということです。それは社会という織物の構成要素だったのです。スピリチュアルなものはリアリティであったがために、現代世界でよく見受けられるように、疑われたり、攻撃されたりはしませんでした。もし無秩序な状態や曖昧な状況というものがあったとすれば、それは分析されるのではなく、受け入れられたでしょう。また、精神的なるものと物質的なるものとが差別化されてはいませんでした。生活や信仰のすべての側面はホリスティックな仕方で一緒に織り込まれていたのです。現代的な考え方ではこうしたことは非合理的だと捉えるでしょう。しかし、本当にそうでしょうか。確実に言えるのは、精神と物質が相互につながることにより、地球に深い敬意を払うこととなり、地球と調和をもって暮らすことができるということです。祖先の大半は自然界と共存することを習得し、自然のパターンやサイクルに自らを合わせていました。それに比べて現代の私たちは操作的です。自分たちの目的のために地球をコントロールしようとし、その過程において多大な損害をもたらしています。

社会関係のあり様

小規模で安定したコミュニティの大半は社会的な家族関係や拡大家族の複雑なネットワークで成り立ち、そのおかげで相互に依存し、協力し合い、集団として生き残ることができたのです。村には年寄りも障害のある者も含め、誰もがおのおのの役割をもっていました。責任や関係性が決められていることも珍しくなく、そのために集団のあらゆる成員がケアされていたのです。人々はホリスティックに生活を営んでいました。孤立した自我として自らを見なすものは存在せず、互いに結びついた大家族や集団の一員としての自認があり、共通の規範や行動への責任を分かち合っていました。彼（女）らの間でのコミュニケーションは直感的なものであり、テレパシーを使うときさえありました。くり返しになりますが、私たちの近代的な精神ではこうしたことは理解しかねます。近代社会の競合的な個人主義は私たちの思考に深く根をはっているのです。

知識のあり様

そろそろ村の生活のリズムや日常に慣れてきましたので、私たちは気づきはじめたことがあります。つまり、自分たちの祖先は今よりもずっと生活に対する有機的な観方をもっていたということです。そこではすべてのものが相互に関連していました。したがって量や直線的な時間の流れよりも質や関係性の方に価値が置かれていました。心や精神の成長は個人的努力によってではなく、相互的なつながりを通して達成されていました。知恵を習得できるとすれば、経験や洞察というものを分かち合った結果だったのです。知識や知恵は文字として残される文書としてではなく、物語や歌、踊り、アートとして蓄えられ、共同体すべての表現的な生活様式の一部になっていました。

このような創造的な活動を観察するにつけ、神聖なるものと精神的なるものとがあまねく織り成されていたことに気づくのです。こうした生活を私たちの現代的な世界と比べないわけにはいきません。比較すると次のような傾向が見えてきます。つまり、知識というものを分析して、より小さなユニットに区分けし、宇宙と宇宙の中の自分たちの場というものを断片化して私たちは理解しているということです。

学習のあり様

昔の村を探検してみた最初の段階で私たちがすぐさま気づくのは、学校などまったく存在していなかったということ、または公的な学びの場などは学校の他にもなかったということです。子どもたちは毎日、公的な教育を受けるために決められた時間に家族と分け隔てられることもなく、日常生活や拡張家族の作業に参加していました。子どもたちの学びは完全に文脈化されていました。私の友人にマイケル・メルがいます。彼は、パプアニューギニア高地にある人里はなれた村で過ごした幼少期を想い起こし、次のように語っています。つまり「それは、教えるということが大人によって大いに制御され、操作されるようなプロセスではなかったということであり、子どもたちは生活という文脈の中で学んでいたということです。そのため習得したものすべてに意味がありました。なぜなら個人はコミュニティの積極的な参加者となることができたからです」[5]。

メルが強調するのは、知識の共有がうまくいくのは、統合された、意味のあるやり方だからであり、それがために個々の子どもは知恵や理解、技能、共通善の内に育まれ、コミュニティに価値と敬意を見出していたのです。このような学びの文脈化によって知識は統合され、本当の意味でのホリスティックなやり方で個人と社会、文化、精神を一緒に取り込んでいたのです。

村の日々の生活をふり返るにつれ、次のようなことにも気づきます。つまり、パプアニューギニアの例に見られるように、親や祖父母は子どもたちの学びを方向づけ、コントロールしようとするのではなく、知識のやり取りをし、学習者としての内在性を尊重するやり方で子どもたちに意味を伝えていたのです。子どもたちは特定のやり方で振舞うように仕向けられたり、強制されたりはしませんでした。こうした学びのあり方の一つの帰結として、子どもたちは高次の自立心に到達し、自らの学習に対する責任を引き受け、他の学習者との協働の大切さを認識していたのです。彼（女）らの学びの多くは、直接的な教授よりも観察や模倣に負っていました。参加し、実践し、分かち合い、交換しあうことにより学んでいたのです。基本的に生きることを通しての学びがあったと言えます。

二一世紀の「持続的な開発のための教育」の基盤

そろそろ私たちの祖先の村から二一世紀の都市生活に戻りましょう。ここで私たちと同じような旅をした人たちの体験や洞察も合わせて旅をふり返ってみます。そこには肯定な見解もあれば、否定的な見解もあります。文化や知恵、精神性の豊かさや相互性が育まれていた一方で、祖先の生活の実際は非常に不安定で、災害や病気に怯えるようなものでした。寿命ははるかに短かったのです。女性は彼女らならではの労苦や不公平さに直面していました。各地で起きる争いや闘争は人々の暮らしや生活を脅かすものでした。

一〇〇〇年前の祖先にとって生活は小さくもあり大きくもあったと言えます。ここで小さいというのは、人口がわずか二億五〇〇〇万または三億人であったという意味においてです。大きいというのは、大半の人々にとっての旅行やコミュニケーションは近隣の場所に限られていたからです。村を超えた世界のことはほとんど知らないような状況でした。こうした観点をもつと、私たちの祖先の文化的な信仰や実践は二一世紀に暮らす我々にとってどのていど適切なものなのでしょうか。「持続可能な開発」の基盤をつくるためには、私たちは単に過去の知恵や精神性に戻るべきなのでしょうか。

過去《バック・トゥー・ザ・パスト》への回帰か未来《バック・トゥー・ザ・フューチャー》への回帰か

私の信じるのは次のことです。つまり、「持続可能な開発」というチャレンジにとって祖先の遺産は部分的な解決しか与えてくれないということです。単に過去に回帰すればよいというものではありません。現代の世界をめぐることも必要なのです。特に私たちの未来を形づくる最前線の考え方や理論、科学的な発見が求められるのです。

ここでもう一つのストーリーを皆さんと分かち合いたいと思います。この三年間、私はＰＲＩＤＥ（太平洋地域基礎教育普及イニシアティブ）プロジェクトの代表として太平洋地域で教育開発に取り組んできました。[6]私たちの任務は一五ヵ国の教育大臣を学校改革やカリキュラム改革の面で支援することでした。太平洋地域での公教育は西欧の植民地勢力によってもたらされました。そしてその方法やカリキュラムは広範にわたる影響を与えてきました。しかしながら、南太平洋大学のコナイ・ヘル・ターマンと彼女のチームによる傑出した研究と教えと唱道のおかげで[7]、現在、太平洋地域を通して強い意志、つまり、地域の文化や知恵や認識論の強固な基盤に根ざした教育を再建しようとする意志が見られます。太平洋地域の学校教育を通して若者たちは地域の文化的なアイデンティティをもつこと、自身の価値観や言語に対する確かな基盤をもつようになることが必要とされています。しかし一方で、グローバルな現代社会においても前向きに自信をもって生きていけるように若者を育成することも求められています。こうした一見、共通点のないような二つの目的を達成するにはどうすればよいのでしょうか。

太平洋地域の教育者たちとたくさんの討論を積み重ね、ＰＲＩＤＥプロジェクト・チームは「フュージョン・モデル」を開発しました。[8]そこで中心となる考えは次の通りです。つまり、太平洋地域の教育者らの計画にはローカルのベストとグローバルのベストとを合わせて相乗効果をもたらすという考えです。学校やカリキュラムをつくるさいに、伝統の最良のものと過去の価値観とともに、現代世界の適切な知識と考えを反映させる必要があるのです。

ナウルという小さな島嶼国家がありますが、そこで行われた素晴らしいワークショップの終わりに、教育省の大臣から一枚の扇子《センス》を贈られたことがあります。彼は、それが「フュージョン扇子」なるものであり、当時の私たちの議論のエッセンスを反映していると説明してくれました。伝統的なナウルの扇子の制作技法を活かす形で見事に作られていて、確かに、昔ながらの扇子のように見えるのですが、次の一点だけは例外なのです。すなわち、それは、新鮮なココナッツの繊維と葉を使う普通の作り方ではなく、鮮やかな色のプラスチック製の糸で完全に編まれているものだったのです。

私が思うには、私たちには古き物と新しきものとを同時に活かすシンクレティズム（syncretism）が必要なのです。シンクレティズムという考え方は二一世紀における「持続可能な開発のための教育」にとっての確固たる基盤形成に役立つでしょう。過去から最良のものを引き出すこと、すなわち、私たちの文化遺産の一部である過去からの深い価値や信仰、技法から最良のものを引き出すことが必要です。しかしながら、同時に必要なのは、新たな最先端の知識からも最良ものを採用することです。おそらくこのことを私たちは、「未来への回帰《バック・トゥー・ザ・フューチャー》」として考えることができるでしょう。ここでまた、私たちの祖先の村への訪問から浮き彫りにされたテーマについて触れることにより、想像を巡らせてみたいと思うのです。

教育と精神性

宇宙論や量子物理学、カオス理論などのニューサイエンスが発達した結果、科学的なディスコースが変わりつつあります。昔ながらの科学的な理解による確実性と予測可能性は根幹から揺るがされています。ニューサイエンスの最前線で問われている伝統科学は、きわめて難解な多くの問題に答えを出すことができないことを認めています。

なかには主観的な、そしてスピリチュアルな解説に立ち戻ってしまっているものさえあるのです。ニューサイエンスの問いかけは正しい答えを見つけるよりも正しい問いを見出すことに、より多くの照準を当てています。ともあれ、ニューサイエンスの科学者が皆、強調しているのは、宇宙の基本的な「つらなり（oneness）」と万物の「つながり（connectedness）」です。こうした見解からすれば、ニューサイエンスがたどり着いたのは完全な円弧の起点だったのです。私たちの祖先のホリスティックで精神的な思考に立ち戻ったのです。

こうした議論と併行して、いかにユネスコのような世俗的な国際機関が近年、子どもの精神的な発達における教育の役割を支持しはじめたのかを見て、私は魅了されていました。(9) スピリチュアリティに関する新たな強調は必ずしも宗教的な信仰とは結びついていませんが、人生における意味と現実の解釈に関するより広範な問いかけへとつながっています。くり返しますが、再び蘇りつつあるテーマは地球と人間相互の関係における相互関連性（interconnectedness）なのです。

日本や他の国々の学校において精神的なるものはどこに位置づけられるべきでしょうか。私の考えでは、そうしたものは完全に統合された形でカリキュラムの中に織り込まれる必要があるということです。しかしながら、はっきりとさせておかねばならないのは、宗教的な所見や宗教の比較考察、特定の信仰の教義への支持について必ずしもここで話をしているわけではないということです。スピリチュアリティはより広義のものです。それが表わしているのは、個人および共同社会の双方のレベルにおける、意味に対する人間の探求です。そのおかげで私たちは地球や宇宙とつながることができるのです。そして私たち同士をもつながるのです。

では、私たちはどのようにして精神的なるものをティーチングに織り込むことができるのでしょうか。カリキュラムや時間割の中に特別の時間を設けたり、教えられる教科として扱ったりすることでは断じてありません。ここでいくつかの原則を提案したいと思います。

①それは一人ひとりの教師の応答責任である。
②カリキュラム全体を通して統合される必要がある。
③単なる内容として教えることはできない。たとえ一層重要であるとまでは言えなくとも、カリキュラムのプロセスがその内容と同程度に重要である。[10]
④正しい答えは無い。精神的なるものは意味を分かち合うことと同時に個人にとっての探求でもある。
⑤生徒たち自身がスピリチュアリティや、地球および宇宙とのつながりを探求できるように、教師の行動や教師との関係性が生徒を導き、影響を与えていく。こうして持続可能な暮らしがはぐくまれていくのである。

教育と社会的関係性

この一〇年のあいだ、社会的な関係の本質に変容を迫るようなコミュニケーションの革命を目の当たりにしてきました。かつてないほどグローバルな規模で私たちは相互関連性を体験しているのです。情報コミュニケーション技術（ＩＣＴ）、特にインターネットやワールド・ワイド・ウェブの発達により、その影響力の規模と大きさは驚くばかりのように思われます。これに加え、携帯電話の技術開発により、私たちは一〇年前の世界とは異なる世界にいます。比較的に少ないコストで多様なメディアを使って、言葉と画像の双方を向こうの世界の人々へとすぐさま届けることができます。それはまるで私たちの祖先の村の人間関係とはまったく対照的であるかのようです。しかし、本当にそうなのでしょうか。相互関連性を再発見しているという意味において、私たちはおそらく完全な円弧を描いて起点に戻りつつあるのではないでしょうか。

ではティーチングに対する示唆は何でしょうか。私たちの祖先がもっていたネットワークよりもよりホリスティックでより相互関連性のある社会的な関係性を形成し、培ってくれるような最先端のＩＣＴを使用できる、素晴らしい可能性が拓かれていると私は信じています。ただし、それには次のような慎重な計画が求められます。

①教師は生徒を少数のグループに分け、家庭で行うプロジェクトや宿題をＩＣＴを用いて課外活動として一緒に取り組むように促す。

②学校内では、ＩＣＴの手助けにより、年長の子どもが年少の子どもに助言役になる。

③二人組や小さな作業グループが異なる学校の生徒同士で結成され、共同プロジェクトに取り組む。

④国際的には、特定の学習目標をもつ生徒の小グループ同士を結びつけ、学びの相互交流が体系的に行われるように促す。オンラインの翻訳技術の使用により言葉の違いの障壁は問題にしなくてよくなる可能性がある。

環境の持続可能性というトピックは共同プロジェクトの中心課題になり得ます。相互の学びに責任をもつように生徒を促すことは、お互いに頼れるようになる関係性を築くさいの一助となるかもしれません。また、互いに持続可能な暮らしを送るのに必要な調和と相互依存的な関係性を交互に築いていくさいの手助けにもなるでしょう。

教育と知識

他のところでも述べてきたことですが[11]、知識とは常に流動的な状態にあるものです。それが静止することはまずありません。現在、私たちは知識の変容において特別に意義ある時代を生きているのです。それはニューサイエンス、そして人文・社会科学におけるポスト構造主義理論やポストモダン理論によって大きく牽引されている変容です。今やここ数世紀に見られた還元主義的な断片化された思考様式は古いものとされつつあります。ただ、変化のプロセスはどこも一様というわけではありません。とりわけ私たちの学校は新たな知識を反映させるのに遅れをとっているように思われます。私が思うに、その主な理由として、教師として私たちは自身の受けた教育の古い思考様式や知識にからめとられている点があげられます。

新たな思考様式と私たちの祖先の思考様式には、興味深い一致が見られます。双方ともに現実を認識するさいの多彩な方法に開かれており、そのおかげで私たちは断片的というよりも質的に思考するようになり、関係性や包括性、相互性を大いに重視するようになっています。しかしながら、私たちにとっての最大のチャレンジは、このようなやり方で実際に私たち自身を捉え直し始めるということです。教育者として質的に、そしてホリスティックに考え、行動することを習得しないかぎり、また私たちの生活が有機的な世界観を反映するものでないかぎり、生徒に先に述べた目標を達成させることは決してないでしょう。私自身の経験からも、特に持続可能な暮らしを念頭においた場合、これは決して容易いことではありません。本日の話の冒頭で強調したことは、喫緊の必要性、つまり、生徒が自然環境と調和をもって暮らし、そして相互に調和のある暮らしをすることができるように手助けをするという必要性でした。自身の考え方と行動の仕方として持続可能な暮らしが自らのものとされないかぎり、こうした目標は達成されないでしょう。挑戦は私たちとともに始まるのです。

教育と学習

一九九七年、ユネスコは深い洞察力をもった重要な報告書を出しました。ドロール・レポートとして広く知られる、「二一世紀教育国際委員会」による報告書です。[12] この報告書の主な強調点は『学習：秘められた宝』という題名に反映されています。つまり、教育者は教えることよりも学ぶことに、そして教師よりも学習者に焦点を当てる必要があるという強調点です。教育者の仕事は学びのファシリテーターとなることによって「秘められた宝」の箱の鍵を開けることであり、生徒が学びの手法を習得するさいの一助となることであり、自立的で自発的な学習者となることの手助けをすることです。くり返しますが、ここでも、完全な円弧の起点に立ち戻ることにより、私たちの祖先の村の暮らしへと戻っていくように思われるのです。私たちは、カリキュラムをつくる過程において、伝統的なものと新しいものをおのおのの個性を生かす形で統合（syncretise）するという、好奇心をそそるようなチャンスに恵まれています。学習者としての私たちの生徒の全体性（integrity）を保証する最善の方法は何でしょう。自らの、そして仲間との学習に対して責任をとれるようになるために生徒をどうのように導いたらよいのでしょう。参加し、実践し、分かち合い、交換することを通して彼（女）らの学びをいかに支えたらよいのでしょう。本質的には、真の意味でホリスティックな暮らし方を実践するということにより生徒たちの学びをいかに手助けしていくのかということなのです。

環境との調和および人間相互の調和をもって暮らすことを学ぶ

ここで次のような問いかけをしたいと思います。「国連・持続可能な開発のための教育の一〇年」というチャレンジに私たちはいかに応えていくことができるのでしょうか。私たちの生徒が環境との調和をもって、そして人間相互の調和をもって暮らすことを学ぶ手助けをどのようにすればよいのでしょうか。確かなことは、過去から最良のものを、すなわち、私たちの文化遺産を部分的に形づくってきた根強い価値や信仰、そして技能から最良のものを引き出さねばならないということです。同様に重要なことは、古きものと新しきものをおのおのの善さを活かす形で統合《シンクレタイズ》することです。私たちに必要なことは、研究と発見の最前線における理論や考え方の探求ですが、適切な場合は、祖先の豊かな伝統と、そうした理論や考え方とを併せて活かすことが求められます。

しかし、これが最終的な回答ではありません。私たちはこうしたことをすべて行い、世界で最良のカリキュラムをもつことができるかもしれませんが、それでも成功しないこともあり得ます。そこで鍵となる二つの要素にふれたいと思います。ひとつは教師です。先に述べたことをくり返しますが、教師としての私たち自身が、みずからの思考と行動において持続可能な生活を十全に体現しないかぎり、私たちの目標は達成されないでしょう。必要不可欠なのは、私たち自身がロールモデルとなることです。つり合いのとれた、つながりのあるやり方で生活術を学び続け、またくり返し学び直していくことなのです。

二つめの鍵は学校です。学習者のコミュニティとして学校そのものが人間関係および環境に関する実践のあらゆる側面において持続可能性のモデルとなる必要があります。これは、もう一つの意味深いチャレンジです。生きることを通して学ぶためのホリスティックな環境はいかにして創られるのでしょうか。教師と生徒が相互の学びに対して応答責任をとれるようにするには、どうすればよいのでしょうか。老いも若きも学校コミュニティのだれもが頼りになるような関係性を築くにはどうすればよいのでしょうか。

私たちに求められているのは、地球をケアすることに関して最良の実践モデルとなるように学校の日常生活と活動を構造化することです。学校が地球からもらっているものと同じだけのものを地球にお返しをするということが大切です。たとえば、食べ物をとるための菜園を造ったり、木を植えたり、肥料を施したり、リサイクルしたり、電気や水の消費を最小限にするための効果的な手法を研究したり、太陽光発電や風力発電を開発したり、学校の二酸化炭素排出量を測り、最小限にしたりすることです。学校コミュニティのすべてのメンバーが地球を慈しむ行為を分かち合うことで、生徒たちは本当の意味における、暮らしを通した学びを実現することでしょう。

（訳：永田　佳之）

註

（1）本稿は、東京において二〇〇七年七月三一日から八月五日まで日本ホリスティック教育協会およびユネスコ・アジア文化センターによって共催された環太平洋国際会議「ＥＳＤへのホリスティック・アプローチ：アジア太平洋地域における〈つながり〉の再構築へ」のために用意された基調講演の原稿である。

（2）www.emilis.sa.on.net/projects/emil_91.htm

（3）www.unesco.org/education（訳注：たとえば、次のサイトからＤＥＳＤの重要文書を入手することができる。http://portal.unesco.org/education/）

（4）www.wisdomportal.com/Peace/FransicOfAssisi-Peace.html （訳注：「中略」を含め、邦訳は訳者によるものである。）

（5）Mel M. A. (1995), 'Mbu: a culturally meaningful framework for education in Papua New Guinea.' *Prospects:* UNESCO Quarterly Review of Comparative Education, XXV(4), pp. 683–694.

（6）Pacific Regional Initiatives for the Delivery of Basic Education: www.usp.ac.fj/pride

（7）www.usp.ac.fj/unescochair/research.htm また次も参照。Thaman K. H. (2000), 'Towards a new pedagogy: Pacific cultures in higher education'. In *Local knowledge and wisdom in higher education*, Eds. G. R. Teasdale & Z MaRhea. Pergamon, Oxford, pp. 43–50.

（8）Paumau P. Q. & Teasdale G. R. (eds), (2005), *Educational planning in the Pacific: principles and guidelines*. University of the South Pacific, Suva, Fiji.

（9）たとえば、次を参照。Zhou N. & Teasdale G. R. (eds), (2004), *Teaching Asia-Pacific core values of peace and harmony: a sourcebook for teachers*, UNESCO, Bangkok.

（10）たとえば、次を参照。Teasdale J. I. & Teasdale G. R. (2004), 'Teaching core values of peace and harmony in Asia and the Pacific: a process approach'. In *Teaching Asia-Pacific Core Values of Peace and Harmony: a sourcebook for teachers, (eds) N. Zhou & G. R. Teasdale*. UNESCO, Bangkok, pp. 263–280.

（11）たとえば、次の第1章を参照。Puamau P. Q. & Teasdale G.R. (eds), (2005), *Educational planning in the Pacific: principles and guidelines.* University of the South Pacific, Suva, Fiji, pp. 1–14.

（12）*Learning: the treasure within. Report to UNESCO of the International Commission on Education for the Twenty-first Century* (the Delors Report). UNESCO, Paris, (1996).（訳注：邦訳は次を参照されたい。天城勲監訳（一九九七）『学習：秘められた宝／ユネスコ「二一世紀教育国際委員会」報告書』ぎょうせい）

基調講演 Ⅱ

2 存在を深める学び

オセアニアから見たESDへの視点

コナイ・H・ターマン

南太平洋諸島
南太平洋大学教育学部教授／同大学ユネスコ講座《チェア》主任教授

コナイ・ターマンさんを知ったのは、ユネスコの『学習：秘められた宝』で打ち出された「学習の四本柱」の概念が世界中の教育関係者に注目されていた一九九〇年代後半のこと。南太平洋諸国の伝統では学習の概念を四つに分けること自体が困難を伴うのであり、近代的な学習観の現れであることを指摘していました。

　トンガ生まれのターマンさんは、ニュージーランドやアメリカで教育を受けてきましたが、こよなく南太平洋の自然と文化と人々を愛する教育学者です。フィジーの南太平洋大学で教師教育の専門家として、また教育と文化に関する論客として三〇年以上にわたり活躍しています。各国の国際会議で数多くの基調講演を行ってきましたが、日本での講演はこのシンポジウムが初めてです。

　ターマンさんは詩人としても知られており、おおらかでしなやかな世界観をうたった彼女の詩は、南太平洋諸国の教科書にも載っており、その詩情を多くの島の子どもたちも享受しています。

（永田　佳之）

あなたは
われ思う、ゆえにわれあり
といいます
しかし思考は、大地の深みの中でおこるのです
わたしたちは、借りてきているだけなのです
知る必要のあることを

（Thaman, 1993）

私の住んでいるオセアニア、太平洋地域でのホリスティックな教育のための取り組みとその背後にある思想についてお話しします。この地域における持続可能な開発とは、自分たちの文化を継承していくということです。これまで長い間、この地域の教育の発展・開発は外国の文化や言語、そしてそれに伴う考え方や学び方のもとでなされ、この地に暮らす人々の文化は押しやられてきました。ここで言う「文化」とは、ある人々の生き方を意味し、言葉や世界観、ものの見方・考え方を含みます。そして「教育」とは、意義のある学びをもたらすという意味です。

私はトンガで生まれ育ち、ニュージーランドとアメリカの大学で教育を受けました。その後、フィジーで暮らしはじめ三〇年以上になります。今からお話しする私の考えは、さまざまな文化の中での体験により形成されてきたものと言うことができます。

太平洋民族にとっての「国」とは

太平洋地域で暮らす人々の世界観や価値観は、西洋のものとは異なります。たとえば、人材開発、平和、よき統治、持続可能な開発のための教育などに関する国際条約や宣言の中では、「国家」という概念が提示されます。し

かし、オセアニアの人々に国家とは何かとたずねたら、その答えはその文化によって千差万別です。

トンガ王国を除くすべての太平洋の島々は今から五〇年前はまだすべて西洋の国々の支配下にありました。これらの国は一九七〇年、八〇年代に独立しましたが、西洋の文化や民主主義に触れる機会のなかった人々には、独立国家という観念がありません。ある学生はフィジーの南太平洋大学に来て初めて自分がソロモン島出身者であることを自覚したそうです。それまでは彼の国はMalaita（ソロモン島の一部の地名）だったのです。

トンガでは国家のことをfonua（くに・ふるさと）と言いますが、これは「領土」という意味ではなく、もっと人々とのつながり、身体も感情も社会も精神も含みこんだ全人格的な関係を意味しています。島の人々にとっての国家はfonuaであり、どの国に住んでいるかということよりも、人々とのつながりが大事なのです。よって彼らの愛国心は国家や政府といった抽象的なものに対するものではなく、自分たちのコミュニティーへの気持ちです。現にフランス領ポリネシアや西パプア（最近は、フィジー、トンガ、ソロモン諸島もこれに含まれますが）には、政府と対立しているコミュニティーがたくさんあります。

今日、よき統治、人権、民主主義、社会的責任、持続可能な開発などが世界的な問題となっている中で、太平洋地域では現在の教育制度の再考・再検討が行われています。西洋の学校様式を取り入れた改革が三〇年間実施されてきましたが、その成果が見られないために懸念と不満感が募っているのです。これは教育制度の内容、方法論、評価法に島のコミュニティーで長年育まれきた価値観が取り入れられていないことが原因ではないかと考えられます（Taufe, ulungaki, Benson and Pene, 2002）。

国際的な組織や地元の機関により、開発という名のもとにもたらされた急激な変化は、小さな島に住む人々に大きな影響を与えています。突然変わったカリキュラムによって影響を被るのは、教師と生徒たちです。外国からのコンサルタントたちが島を訪れて、何をどのように変えれば効果的かなどの助言をしてくれるのですが、改革プロジェクトが変わるごとに、違った行動を要求されるということも少なくありません。そんな状況は、資金援助者の意図に沿うように自分たちの行動や考え方をその都度変えていくという、いわゆる「太平洋アメーバ症候群」を呼び起こしています。地元の人々は国を訪れる専門家たちに質問もせず言われたとおりに行動します。それは、専門家に質問などしては失礼になりますし、黙って従った方がことがスムーズに運ばれるからでしょう。経済や技術指導の面で外国に頼らなければやっていけない国では、自分たちのやり方の方が地元の人々には合っていることがわかっていても、それを主張することが難しいのです。

オセアニアの知の体系「伝承の知恵」

オセアニアには多様な文化と世界観が共存しています。先住民の知の体系は何千年もの間、大切に育まれてきた「伝承の知恵」です。ここで「先住民」とは「その地とつながりをもつ原住民」という意味合いであり、国連の少数民族のみを指す「先住民」の定義とは多少異なります。オセアニアにはオーストラリアとニュージーランドのような移民文化とその知識体系が優位を占める国もありますが、島国で暮らす人々の大多数は先住民族です。この地域の教育における最大のチャレンジは、自分たちの文化を継承しながらもグローバル化する世界に対応できる人々を育てることです。太平洋文化の価値と伝承の知恵に焦点を戻す教育——この地域の人々にとっての持続可能な開発とは、自分たちの文化を継承することなのです（Thaman, 2004; 2005; 2006; Johansson-Fua, 2006）。

太平洋地域における教育制度は、一〇〇年以上に渡り外国の文化（言語、知識体系、通信網）に支配されてきました。そんな中で育った私たちが、伝統文化を継承していこうとすることは、簡単なことではありません。私は小さな島国の大家族の中で育ち、トンガ人としての教育をトンガ語で受けました。その後、ニュージーランドとアメリカで高校、大学教育を受け、結婚によりアメリカの市民権を得ましたが、新しい文化の中で身につけた考え方はトンガで習ったものとは違います。先住民の知恵と西洋の知識体系の両方の産物である私には、「閉じた社会と開かれた社会の狭間」(Horton, 1967) での葛藤があります。時には先住民の自分があり、時には西洋人の自分がある……。このようなあり方に、つらい思いを感じることもあります。

あなたのやり方は、客観的で分析的
いつも真理をうたがっている
証拠がおとずれるまで
ゆっくりと
そして、それは心を傷める
わたしのやり方は主観的で、からだの芯から感じるもの
いつも真理を確信できている
その証拠はすぐそこで
待っている
そして、心を傷める

(Thaman, 1981, p. 41)

太平洋地域では今、先住民の知恵を現行の教育制度の中に活かす方法が探られています。伝承の知恵とは、ある一定の文化の中で何代にも渡り発展し、受け継がれてきた独特の体系です。こうした技能と叡智はさまざまな自然現象と社会現象を観察し、体験することで育まれるもので、大学、政府の研究機関や企業などにより大成される、国際的な知識体系や科学知識とは異なります (Kolawole, 2001, p. 13)。伝承の知恵とはその地域において育まれてき

た知の集大成なのです。

一〇年ほど前に、ジュネーブに本部を置く国際教育局の所長により「教育改革は教育のプロセスに実際に関わる人々の見方が考慮されなければならない」という発言がありました。つまり、民主主義の施行、人権、市民の生活などに対する人々の考え方を分析することで、教育的な戦略が決まり、その重要性が判断できるのです（Tedesco, 1997, p. 1）。ところが、残念なことにこの重要なメッセージは発展途上国、特にオセアニアの小さな国の人々にはあまり真剣に受けとめられていません。それは理想的な人間像、いわゆる「教養人」とはどんな人なのかという、先住民教育における最も大事なことが考慮されてこなかったからです。一〇〇〇年以上も受け継がれてきた先住民の知恵は、人々の生存と継続に欠かせないものでした。ところが、この知恵が正式な制度から除外され、認識も統合もされていない――そのような教育改革だったのです。

伝承の知恵では、人と人とのつながりや社会的な責任が重視されていました。理想的な人間像は「自分が何をするべきかを知っていて、それをうまく実行できる人」です。つまり、知識が豊富で、文化の様式に従って行動でき、状況に応じて適切な言動がとれる人です。自分が何をするべきかを知っていて、それをうまく実行できる人――これはDeloresの報告書にある「存在を深める学び（learning to be）」の太平洋版とも言えるでしょう。先住社会では、大事な知、技能、価値観を学び、それを基に人間関係を育み、コミュニティーの中で役に立つ一員として成長することが求められました。人と人のつながりは個人のあり方だけではなく、コミュニティー全体にとっても重要でした。ところが、西洋の学校制度の導入とともに理想的な人間のあり方の概念が変化し、今では学校での成績がいい人が教養のある人とみなされるようになってしまいました。

しかし、今でも特に年長者の間では、人間関係の育成は最も大切なこととされています（Thaman, 1988）。「教養のある人とはどんな人のことですか」という私の質問に、ある先住民の女性は「大学の学位があるかどうかはどうでもいいことです。大事なのはこの学位を使って家族やコミュニティーを助けることです」と答えました。最近のトンガでの研究によると、先住民にとっての理想の人間像は、より多くの人々に理解されてきているようです（Thaman, 2002; Johansson-Fua, 2006）。

トンガの理想的人間像

トンガにおける理想的な人間像――自分が何をするべきかを知っていて、それをうまく実行できる人――はポト（poto）と呼ばれています。ポトになるためには、ako（学び）を通して、知と技能と理解力と価値観を、適切かつ有効に使えるようにならなければなりません。このような理想像はフィジーやソロモン諸島にも同様に存在します（Nabete, 1997, Vatamana, 1997）。

地方の村々では今でも、長老者や専門の講師たちによってさまざまな知恵が継承されています。このような教育は神話、伝説、踊り、詩、歌、ことわざ、儀礼などを通じて行われます。子どもたちは大人たちのさまざまな活動に参加し、それを見聞きしながら学んでいきます。こういった実践を通しての学びは「共感（慈愛）」「尊敬」「互恵」「人間関係の育成」「節度」といった価値観と信念に直結しており、理想像に近づいているかどうかは、さまざまな状況でどのような行動をするかによって評価されます。

ポトは周りの人々や集団とのつながり、社会的責任を心得ています。よい人間関係が保てない人や、集団の中での貢献ができない人は学びが足りないということになり、教師である親や長老者たちへの評判にも影響します。人間関係をうまく保つことはコミュニティー全員の責任であり、社会的義務をはたし、他の人々との関係がうまく保てるかどうかでその人の価値が測られます。太平洋の文化では人と人のつながりをvaa/wahと言いますが、人と人、集団間での対立を少なくするためにはこのvaaを育まなければなりません。

残念なことに、現代教育においてはこの「人間関係の育成」は重視されず、抽象的で自分とのつながりを見出しにくい事柄が教えられています。西洋式の学校教育では知識が区分化され、知的能力と頭脳の機能の習得が強調されます。そして、批判的な思考とは個人が個別に行うものとされています（Serpell, 1993, p. 77）。このような視点は先住民が持つ自然に対する観念――自然とは征服するものではなく敬意を持って保護するもの――とは異なります。また、私たちは調和のある社会のためには先祖の霊への敬意が大切だと思っていますが、今の学校教育では感情的、精神的な学びは重視されていません。西欧の認識論に基づく教育では知的な発達と心の発達はつながりを失い、社会的、精神的発達と経済的発展は分離したものとみなされます。外国のカリキュラムに従い外国語で行われる教育によって、伝統文化よりも西洋文化を重んじる傾向が強まっていくのです。

伝承の知恵は実質的にも方法論的にも西洋の知識体系とは異なるものですが、どちらも観察、実験、実証が必要であるという点では共通しています。しかし、西洋の知識体系が普遍性を強調するのに対し、伝承の知恵は地域によってそれぞれ異なります。最近は西洋においても、持続可能な開発のための先住民の知恵の重要性が提唱されていますが、先住民にとっては伝承の知恵は文化の一環であり、この知恵なくしては民族が生き延びていけないのです（Dewes, 1993）。私は三〇年来、太平洋地域の人々と一緒に活動してきましたが、ふたつの大事なことを学びました。ひとつは、彼らは新しいものよりも自分たちがこれならば大丈夫とすでにわかっているものを好む傾向があるということ。そして、もうひとつは、どんなに現代的なものが浸透されているかのように見えても、実際には長年受け継がれてきた知恵に頼る人が多いということです。

詩と物語による自己表現

私自身の、子ども時代の教育を取り戻そうとする旅は、六〇年代後半にトンガの高校で英語を教えていた時に始まりました。その前にニュージーランドのオークランド大学の文学部で勉強しましたが、そこで私は「価値のある」知識とそれを実証する価値観を生み出した文化に接しました。しかし、太平洋諸島出身の私たちは、高等教育を受けるためには自分たちの文化と知恵は大学の門の外に置き去らなければならず、私がそこで学んだアート（術）は忘れる術のみでした。

オークランドの週末は
いい
ふたたび
公園の中の
むかしの出会いの場を
さがしだすのには
望むらくは、それらの場所に物語が残っていることを
かつて若かりし頃の
冒険について語る物語が

モクレンの木の下で
わたしたちの初めての口づけを
ささえてくれたベンチが
いまもそこにある

そして空中に
高い塔の時計がうきあがっている
それがいま小さく見えるのは
時の流れのしわざか
くっきりとした影が、ほのかに思い起こさせる
心を守る最良の盾が
いまこのとき
忘れることだということを

（Thaman, 1999, p. 36）

私はトンガの高校一年生に英語の詩を鑑賞させたいという必死の思いから、詩を書き始めました。私自身もそうでしたが、試験のための英語の勉強が好きな生徒はひとりもいませんでしたし、成績もよくなかったのです。そこで、私はトンガのテーマでの詩を書き、生徒にも書いてみるように勧めました。また、トンガの歌の歌詞を使って、詩の構成などを教えました。その結果、多くの生徒たちが試験に合格し、詩の創作の楽しさを発見してくれました。

アメリカで修士号を取った後、私は南太平洋大学で教鞭をとるために太平洋地域に戻りました。しかし、当時の教員はほとんどが外国人で、儀式の際に演じられる歌や踊り以外の太平洋文化は敬遠されていました。そこで、私は再び詩を書き始めました。詩の中ではだれにも干渉されずに自分の考えていることを自由に表現できたからです。また、私は授業で太平洋地域出身の作家の書いた詩や短編小説を取り上げ、学生にも教師になった際には同様のことをするように勧めました。しかし、伝統を二股にかけるということは矛盾に直面することでもあります。私の芸

術的ルーツは語り手が聞き手を相手に物語を作り上げていく口承文化でしたが、後に受けた西洋式の教育では、詩とその作者は分離すべきものと教わりました。私は「第三の空間」（Wood, 2002）をつくることで、トンガ語の詩と英語の詩の統合を試みています。音を持たない言葉も、つなぎ合わせて声に出して読むことで生きてきます。だからこそ、詩は美しく響くものでなければならないと思うのです。

読み書きができないからといって
またバラバラにされ
アイデンティティをとりあげられ
プライドを売りわたすことはできないから
痛みで苦しみたくない
しまいには、自分たちだけでひっそりと
なぜなら、わたしたちは深いところで知っているから
ほかの誰の責任でもないということを

（Thaman, 1993, p. 11）

この詩で私はふるさとで最も神聖な花として敬われているHeilalaを教育にたとえました。西洋の教育制度に対する人々の抵抗の姿とともに、文化の伝承（今で言う持続可能な開発）のために、皆が協力して「何をするべきかを知っていて、それをうまく実行できる」人々を育成する必要があるということが詠われています。

物語を語りたい、そして、それを詩に表現したいという願いは、私に大きな喜びをもたらしてくれます。物語を通してすべてが表現できるわけではありませんが、詩を書くことは、海中に深く潜って秘められたものを探すよう

なものです。私は書いたものを必ず声に出して読み、言葉の響きを確かめます。私にとっては考えは話し言葉で表現されるものなのです。書かずに思考などできるはずがないと思われる方もあるかと思いますが、読み書きができるということは利点がある一方で、裕福であることと同様の問題を抱えています。裕福な人がいるということは貧しい人もいる、読み書きができる人がいるということはできない人もいる――ということなのです。今日、読み書きができないために自分が人間以下だと感じている人々がたくさんいます。学校を中退する子どもたちは（それが自分たちの責任ではないのにもかかわらず）、読み書きができないことに生涯悩まされるのです。

高等機関における先住民研究の位置づけ

太平洋諸島の人々は、昔ながらの知恵は永遠に受け継がれていくものと考えがちなのですが、最近では多くの知恵が失われつつあり、ともすると絶滅の危機にあるということに気づき、それを防ぐために何とかしなければならないと考える人も出てきました（Tafaaki et al. 2006）。以前は先住民文化の研究者はほぼ全員外国人だったのですが、最近は私自身を含む、先住民である教育者・研究者たちが先住民文化および教育制度の再活性化運動を進めています。

二〇〇四年に初めて、南太平洋大学において、太平洋地域の知の体系が最重要研究課題のひとつに認められました。これは高等教育における文化的民主主義の達成という意味合いにおいて画期的なことです。同年に「太平洋の芸術・文化政策」も認可され、大学のカリキュラムに、太平洋の文化と芸術と知が正式に組み込まれました。そして、翌二〇〇五年には大学院における太平洋学が認証されました。

大学がオルタナティブな知の体系に基づく研究を認可した背景には、大学の行政者の間での先住民の知恵に対する認識と評価が高まっているという現状があります。二〇〇〇年に出版されたTeasdaleとMa Rheaによる「高等教育における地元の知識と知恵」および「オセアニアでの教育的思想」（Thaman et al. 2003）は、ともに大学における伝承文化の研究の重要性を訴えたものです。また、最近認可されたユネスコ・アジア文化センターと南太平洋大学共同の地域研究教育拠点プロジェクトは、持続可能で意義深い開発の基盤には伝承の知恵が必要であることを認めています。

大学の教育論のコースでは、太平洋文化での教育に関するさまざまな思想を学びますが、これは同級生の出身文化と価値観を理解するのに役立つと好評です。このようにお互いの世界観を理解し合うことの重要性は私たちのような多文化が共存する大学ではもちろんのことですが、Deloresの報告書「二一世紀の教育」で述べられている「学習の四本柱」（Delores, 1996）の実現のためにも重要なことと思われます。

先住民の知恵や教育はこれまであまり多くの外国人や学者の関心をひくものではなく、初期の西洋における先住民研究は、主に農業や地方開発に限定されていました。その後、医療ケア（西洋医学で根治できない疾病の「民間薬」による治療）および住居（地元の建材での熱帯向きの住居の建築）に関する先住民の知恵が注目を浴び始めました。最近ではその発祥地だけではなく、他の地域に伝承されている知恵についての記述も残すべきだとの声も高まっています。しかし、そのような記録は確かに大学のような研究機関には必要かもしれませんが、貧しく、恵まれない人々や抑圧されている人々を助けるという、本来の目的からははずれるでしょう（Agrawal, 1995）。

先住民である学者たちは伝統的な知の体系の研究を通じて、西洋の教育制度の中で身につけた自分の世界観を再検討しています。その世界観とは、相補的なあり方や相互のつながりに根ざしたものではなく、植民地時代に習得したデカルトやニュートンの二元論に基づくものです（Ntuli, 1999, 2002）。太平洋地域のコミュニティーは、植民地時代に分離と二元性に基づく教育制度を受け継ぎましたが、これでは先住民のコミュニティーに対応することはできません。西洋式の教育を受けた学生たちは、村の暮らしに戻ることができなくなり、都会で就職したり海外に住むことを強いられます。卒業生は、自分の大学での学習が、ふるさとのコミュニティーにおいてどのように活かせるかということを考えないために、せっかく勉強したことが実際に就く職業には活かされないという状況も少なくありません。

私たちは、太平洋地域の研究者と教育者が、自分たちの文化と知恵に焦点を戻せるよう援助を続けてきました。南太平洋大学において太平洋の島々の学生が学位をとれるよう指導をしてくれたマオリ人、オーストラリア人の先住民文化の研究者の方々には大変感謝しています。最近では伝承の知恵を認め、先住民の見解に基づいた議定書を作るなど、先住民とのパートナーシップを築く活動が盛んです。現在は、先住民である学者の数も増え、自分たちの価値観と知の体系に照合した教育と開発のパラダイムについての研究が進められています。以前は植民地での分析の「客体」だった先住民が、今や西洋人によって定義された先住民とその知について「反論する」「主体」になったのです（このような例はSmith, 1999; Bakalevu, 2000; Manu, atu, 2002; Mel, 2003; Nabobo, 2003; Teaero, 2003に見られます）。

先住民の手による教育改革の歩み

教育は人間を人間とならしめる活力です。そして、人間のもつ価値観が、「万人のための教育」の国際的な運動や、国連の「持続可能な開発のための教育の一〇年」などの原動力となります。南太平洋大学では太平洋地域の学生たちが自分の言葉で自分風に自分自身の物語を伝えられるようになってくれることを願いつつ、授業、研究を進めています。教育は自分自身の文化の価値観と知の体系を認識することから始まり、それが社会と自分自身の理解につながります。私はユネスコと声を揃え、文化を認識することがすべての教育改革を支え、太平洋地域の教育の発展と維持の基盤となるものであると提唱しています。

今日、太平洋諸島出身者が高等教育機関の上級職に就き、現状改善の先駆者となっていることを誇らしく思います。一九九一年にクック諸島で開催されたユネスコ主催のセミナーにおいて、この地域の学校のカリキュラムが、コミュニティーの世界観と諸概念を反映したものであることの必要性が論じられました。そして、ラロトンガ宣言において、教育省による教育制度の管理および、伝承文化と知の体系を組み込んだカリキュラムの作成が要請されました。これこそが「太平洋地域における教育発展のためのイニシアチブ（略称PRIDE）」により実現させたい私たちの夢なのです。

一九九二年に設立された太平洋教師教育協会は、教職課程における文化的配慮についての調査を実施しました。この会議において私は、教師教育の理論化と、伝承文化に基づく枠組み構築の必要性を提言しました。私が提示した枠組み、「カカラ（Kakala）」はもともとはトンガの文化から生まれたものですが、他の島々での現代教育にも適合するものです。「カカラ」とはトンガ語で「たくさんの香り豊かな花で作られた花飾り」という意味ですが、他のアジア太平洋地域にも同様のものが見られます。このカカラは後に、サモアやクック諸島など他の地域の教育者たちが、自らの枠組みを構築する先駆けとなりました。

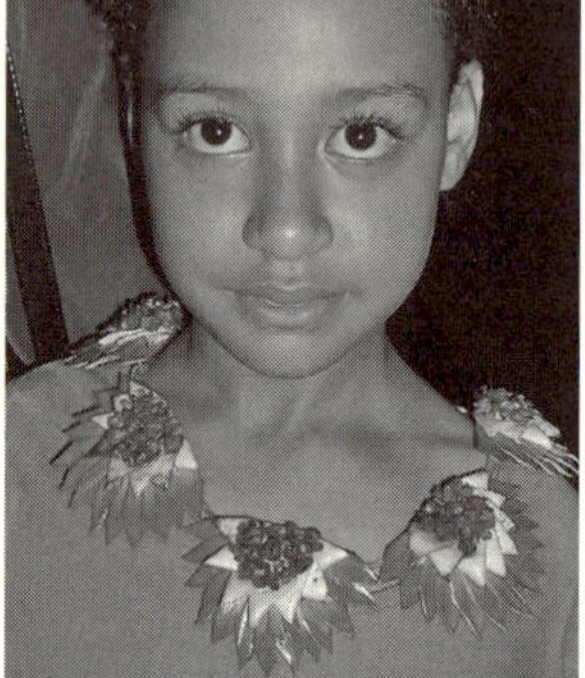
カカラを身につけた少女

ここで、私たち太平洋民族を応援してくださる学者の方々に心からお礼を申し上げたいと思います。特に、ニュージーランドとオーストラリアの方々はさまざまな貢献をされています。また、ニュージーランド政府からの資金援助のおかげで、先住民のリーダシップ、伝承の知恵の擁護、文化研究とカリキュラム作成、およびこれらの活動の分析などが行われています。

当然、私たちの活動の結果、植民地主義的、新植民地主義的な態度が完全に消滅するというわけではありませんし、実際にはまだまだ理想とはほど遠い状況です。しかし、私たちは自分たちの物語をつづり、歌い、再現していく自信を取り戻しています。西洋の知識体系の影響を受けているという事実を認めながらも、伝承の知恵への多元的な見解を展開していく努力を続けなくてはなりません。Hountondji（2002）の言葉にもあるように、単に自民族の文化だけに感心しているのではなく、さまざまな民族の知の体系の多元的な関係を探求していく姿勢が必要とされるのです。

太平洋民族にとっての「地元の文化に根ざしていく教育」は、自分たちの文化的アイデンティティをつかむためにも非常に重要です。私たちは、科学と文化はつながっており、人々と切り離すことはできないと考えています。しかし、西洋では科学は細かく区分され、その中でも対立する見解が多々あります。オセアニアでの教育とは、このような異なる知の体系の歩み寄りを図るということでもあり、それはたやすいことではありません。しかし、私たちは「異種」なものは博物館に保存する――といった姿勢に異議を唱え、中立的な科学の名を借りた西洋中心主義に反論するための感性と多元性を取り戻すためにも、話し合いを続けていく決意です。「私たちはみな一人ひとりが科学者であり、どの村もみな科学研究所なのです」から（Visvanathan, 2002）。

新しい未来への変容

私が提唱するオセアニアにおける教育の展望は、黄金時代の再来ではなく、これまでとは異なる、新しい未来への変容です。そのためには、人間と社会ができることは何かということを探り続ける必要があります。太平洋地域におけるホリスティック教育は、お互いの文化を尊重し合うというだけでなく、自分たちならではの知の体系の理念を構築していくという意味合いがあります。従って私たち教育者は、自分の知の体系についての議論に積極的に参加しながら、その可能性をまとめていかなければなりません。大学をはじめ国際的な機関は知識の宝庫であり、専門家の役割は教えることのみで学ぶことではない――このような西洋的な先入観を変えていくためにも、今後の活動は意義のあるものです（Brock-Utne, 2002）。

世界中にマクドナルドが進出する、いわゆる「マクワールド文化」の中で世界は均一化の一途をたどっています。現在、発展途上国では外国の銀行や寄付団体による経済改革が強制されていますが、地元の人々はそれを社会の弊害と捉えています。区分化、物質主義、個人主義、私営化は協同でのアプローチを妨げます。豊かさは社会的な関係の向上ではなく物質の量で決まるという考えに基づいた改革は、民主的な政府が育つことさえも阻んでいるのです。

このグローバリズムに変わる枠組みと理念を、ホリスティック教育は提供します。社会の存続と社会的責任を目的としたホリスティックな教育により、太平洋民族にとっての豊かさ――人間関係を育成することの重要性――を広めていきたいと思います。

私たちはまだまだ多くの乗り越えるべき難関に直面しています。人々の態度を変えるのは至難の業ですが、それが私たち教師の役目です。知識を伝え、技術を教え、物事に対する態度や姿勢を変えていく……。私たち教育者に与えられた特権のひとつは、この「人々を変える」ということなのです。

私はオセアニアの教育行政者、教師、生徒、そしてその親たちを含むすべての人々が、自分の文化を認識し、その文化が持つ価値観の中で考え、存在するようになってくれることを望んでいます。人間としての成長とコミュニティー全体の発展が伝承文化に直結する、そんな社会になることを。また、学者・教育者である私たちは、先住民文化に対する無関心な姿勢や教育問題についての議論の阻止などの圧力に立ち向かい、今後も太平洋における知の体系の理念構築のために、全力を注いでいきたいと思っています。

来て、このカカラをとってください
それは、わたしたちがひとつであることの象徴
カカラを、あなたの周りにつけてください
それは育ってゆくでしょう
豊かな流れの中で
大空だけが知っています
それがどこで育ってゆくのかを

（訳：天野　郷子）

参考文献

Aleta, J. (2007). Tokelauan conceptualization of education for sustainable development. Unpublished paper, USP, Suve.

Agrawal, A. (1995). Indigenous and scientific knowledge: some critical comments. *Indigenous Knowledge and Development Monitor*, 3: pp. 3–33

Bakalevu, S. (2003). Ways of mathematising in Fijian society. In Thaman, K. (ed.) Educational Ideas from Oceania, IOE/USP, Suva, pp. 61–73

Delores, J. (1996). *Learning: the treasure within*. Report to UNESCO of the International Commission on Education for the Twenty-first century, Paris, UNESCO.

Dewes, W. (1993). Introduction. In Davis, S.H. and Ebbe, K. (Eds). *Proceedings of a conference on traditional knowledge and sustainable development*, World Bank, Washington D.C.

Horton, R. (1967). African Traditional Thought and Western Science: Paart 2: the 'closed' and 'open' predicaments. Africa 37(2), pp. 155–187

Hountondji, P. (2002). Knowledge appropriation in post-colonial contexts. In Hoppers, C.A. (Ed). *Indigenous knowledge and the integration of knowledge systems*, NAE, Claremont, South Africa, pp. 22–38.

James, E. (2007). Notions of sustainable development by FSM people. Unpublished paper, USP, Suva.

Johansson-Fua, S. (2006). Sustainable Livelihood in Education–Tonga Pilot: some preliminary observations. Personal Communication.

Kolawole, O.D. (2001). Local knowledge utilization and sustainable development in the 21st century. *Indigenous knowledge and development monitor*, November issue.

Maua-Hodges, T. (2002). Tivaevae. Personal Communication.

Mataitonga, S. (2007). Some Fijian notions of sustainable development. Unpublished paper, USP, Suva.

Mel, M. (2003). Shifting cultures: Mbu– a proposal for a pluri-cultural perspective to culture in education in Papua New Guinea, In Thaman K, (Ed) *Educational Ideas from Oceania*, IOE/USP, Suva, pp. 13–25.

Nabete, J. (1997). Fijian vernacular educational ideas. Unpublished paper, U.S.P., Suva.

Nabobo, U. (2003). Indigenous Fijian education. In Thaman, K. (Ed) *Educational Ideas from Oceania*, IOE/USP, pp. 85–93.

Nawalowalo, S. (2007). Fijian notions of education for sustainable development. Unpublished paper, USP, Suva

Ntuli, P.P. (2002). Indigenous knowledge systems and the African Renaissance. In Hoppers, C.A.O. (Ed.). *Indigenous knowledge and the integration of knowledge systems*, NAE, Claremont, South Africa.

Serpell, R. (1993). The significance of schooling. Cambridge University Press, Cambridge.

Smith, L. (1999). *Decolonising methodologies*: research and indigenous peoples. Zed books, London.

Tamasese, K. et al. (1997). *Ole tae ao afua*– the new morning. Pacific Health Research Council Report, Wellington.

Taufe, ulungaki, A.M and Benson, C. (2002). *Tree of Opportunity*. Institute of Education, USP, Suva, Fiji.

Teaero, T. (2003). Indigenous education in Kiribati. In Thaman, K. (Ed), Educational Ideas from Oceania, IOE/USP, Suva, pp. 106–115).

Teasdale, G. R. and Ma Rhea, Z. (2000). Local knowledge and wisdom in higher education. Pergamon, Paris

Tedesco, J.C. (1997). What education for what citizenship? *Educational Innovations* 90, IBE, Geneva.

Thaman, K.H. (1981). Hingano. Mana Publications, Suva, Fiji.

Thaman, K.H. (1988). Ako *and Faiako*: culture, education and teachers' role perceptions in Tonga. Unpublished PhD thesis, USP, Suva.

Thaman, K.H. (1992). Looking towards the Source: A Consideration of (Cultural) context in Teacher Education. In Benson, C. and Taylor, N. (eds.), *Pacific Teacher Education Forward Planning Meeting: Proceedings*. Institute of Education, University of the South Pacific, Suva. pp. 98-103.

Thaman, K.H. (1993). Culture and the Curriculum in the South Pacific. *Comparative Education*29 (3): pp. 249-260.

Thaman, K.H. (1999). *Songs of Love*. MANA Publications, Suva, Fiji.

Thaman, K.H. (2000). Towards a new pedagogy: Pacific cultures in higher education. In Teasdale, R. and Rhea, M. (eds), *Local Knowledge and Wisdom in Higher Education*. Pergamon Press, Oxford, pp. 43-50.

Thaman, K.H. (2002). Vaa: a foundation for peace and inter-cultural understanding. Workshop paper, APCEIU , Suva, Fiji.

Thaman, K.H. (ed.), (2003). *Educational ideas from Oceania: selected readings*, Institute of Education, USP, Suva (131 pages).

Thaman, K.H. (2004). Leo e peau: towards cultural and cognitive democracy in the discourse about sustainable development in Pacific Island Countries. Keynote paper, International Island Studies Conference, Kin Men Island, Taiwan.

Thaman, K.H. (2005). Teacher education for peace and sustainable development. Keynote address, Symposium on a culture of peace, APCEIU, Seoul.

Tion, K. (2007). I-Kiribati notions of sustainable development. Unpublished paper, USP, Suva.

Vatamana, E. (1997). Lengo vernacular educational ideas. Unpublished paper, USP, Suva.

COLUMN

ESD山の登り方

西田《にしだ》　千寿子《ちずこ》

和歌山県白浜町立日置小学校教員。キラキラ光る太平洋を望める海辺の学校で、潮騒の音を聞きながら小学3年生の子どもたちと楽しい学校生活を送っています。そのかたわらで、乱暴な植林であれてしまった熊野の森の復元活動を行っています。

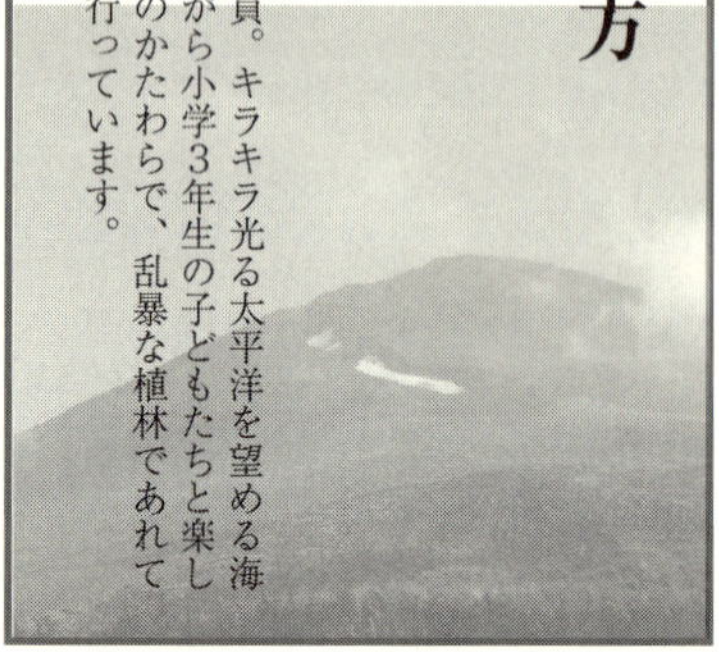

樹海の中で

毎日のように、子どもたちを取り巻く様々な事件が報じられています。社会の歪みから、子どもたちが犠牲になっているようにしか思えません。

学校の現場では学力テストが導入され、ますます点数という物差しだけで子どもを見てしまう傾向が強まっています。そこからは、苦しんでいる子どもたちの叫びは伝わりません。

このままでは……と思いながらも、ただぐるぐると同じところを回って、まるで深い暗い樹海の中にいるようです。

環太平洋国際会議の二日目、ロシアのセメンツォフさんのワークショップのまとめで、コーディネーターのティーズデイルさんがESD山の絵を描いてくれました。そして、幾通りもの登り道があることも示してくれました。

樹海の中で動けないような思いをしていましたが、そのとき、樹間から山の頂が見えたような気がしました。進むべき方向がわかったのです。

登るために必要なものは？

山に登るために、どんなものが必要でしょうか？　登山道が完備していないところでは、地図とコンパスが必要となるでしょう。この会議に参加して、私なりに地図やコンパスになるものは何かということを考えました。

ＥＳＤ山に登るための地図というのは、その土地に根ざした昔から伝わる知恵や伝統・文化のように思えます。そして私にとってのコンパスはホリスティック・アプローチです。人によれば信仰やスピリチュアルな世界も含まれるかもしれません。

また、天候のことも気にしなければなりません。天候というのは、目の前にいる子どもたちの状況、その子どもたちを取り巻く地域や社会の情勢といえるでしょう。山の様子を知らずに登り始めるわけにはいきません。

地図とコンパスを用意し、天候を把握し、自分が持っているスキルを確認し、登る道をみつけなければなりません。

ESD山の頂をめざして

国際会議の帰りは、ナバホから来られたベナリーさんと車で富士山に向かいました。日本のチーフマウンテンをゆっくり見てみたいというのが楽しみの一つだったからです。ところが、夏の富士山は雲にすっぽりと覆われ、まったく姿をみせてくれません。いたるところから富士山の方角を見て〝ハーテ　フジ（ナバホ語で「富士山はどこだ」）〟と言っては富士のある方向に目を凝らしました。

私たちは、富士山があること、そしてどの方向にあるのか知っていました。道をたずねながら富士へ富士へと向かっていきました。車で五合目まで登りましたが、富士の頂を見ることはできませんでした。限られた時間でしたが、どうしても富士を見てみたいと、車から降りて山を散策しました。富士の空気をたっぷりと吸いこみ林から出てみると、雲が晴れ、ほんの一瞬でしたが霊峰の頂を見ることができました。そのときのベナリーさんの笑顔が忘れられません。

これと同じことがESD山でもいえるのではないでしょうか。たとえ雲に隠れて見えなくてもESD山は必ずあるということ、そして、その方向さえ見失わなければ頂に近づけるということ。また、一人でなく同じ頂をめざす仲間がいるなら、あきらめずに登れるということ。

それぞれの登り道から

今までの私にとって、ESDというのは不確かでつかみどころがなかったように思います。というのも、環境・平和・ジェンダー・多文化共生教育・etcとあまりにも広すぎ、またすべてがとても大切で必要不可欠であったため、具体的な方法が定まらなかったからです。

ところが、この国際会議に参加してESDの方向が定まったように思います。今目の前にいる子どもたちの状況（天候）を読み取り、その土地に根ざした知恵（地図）を生かし、進むべき方向を示すもの（コンパス）があれば、どこの国からでも、どの立場からでも、登りたいという意志があれば登っていくことができるということがわかりました。

ESD山は遠くにあるものではありません。また一つの国にあるものでもありません。どこでもどのような活動をしていてもESD山に向かって登り始める一歩を踏み出したとき、私たちはすでにESD山の麓に足を踏み入れているということになるのです。

最後に、富士山から下りてくるときにベナリーさんが教えてくれた言葉を紹介します。

〝山に登りなさい。一歩一歩心をこめて登りなさい。登ることが祈りです。〟

3　四つの知のバランス

ナバホのホリスティックな世界観

ハーバート・ベナリー
米国ナバホ・ネイション
ディネ・カレッジナバホ学主任教授

ベナリーさんとの最初の出会いは、一九九二年の第三回ホリスティック教育国際会議。「ホリスティック教育ヴィジョン宣言」の公布団体GATEが、米国のオクラホマ州にある先住民居住区で、「文化の多様性と普遍性」をメイン・テーマに開催し、基調講演者として招かれていたのが、ナバホを代表するベナリーさんでした。彼の語るストーリーや立ち居振る舞いは、なぜかとても懐かしく、はじめて会ったとは思えないほど親しみを覚えました。

彼は現在、米国の中西部にあるナバホ国のネイション立大学で、ナバホの哲学や教育学を教えている中心的な教授。家族の絆の強いナバホなので、いつもたくさんの孫たちに囲まれている、優しくとも威厳のある「おじいちゃん」でもあります。実兄がメディスンマンの家系に育ち、口承だけで伝えられてきたその知恵を、ナバホの内外で共有できる形にするのが自分のライフワークとのこと。ただ、それは書き言葉に限らず、この度のワークショップやシンポジウムでも、「祝福の道 Blessing Way」セレモニーの詠歌や、息子さん作の造形アートなどを紹介しながら、ナバホの世界観と教育観をナラティブに物語ってくださいました。

（吉田　敦彦）

1　ナバホ国の背景

一八六四年の「死の行進」

まず、ナバホ国（Navajo Nation）の状況を、歴史的、地理的、教育的、先住民文化的な背景から理解していただきたいと思います。とくに西欧の植民地主義の与えた影響を認識しておくことは、必要不可欠です。ナバホは、アメリカ合衆国内の他の先住民諸族と同じく、ホロコーストと言ってよいほど酷い虐殺を経験しました。この暴力によって、いくつもの部族が絶滅させられ、他の部族も壊滅的な打撃をこうむっています。多くの部族の知恵や伝統が、その担い手の老人たちやリーダーの死とともに失われました。

一八六四年にナバホの人々は、その土地を侵略され、食べ物や住居を奪われ、極寒の冬に四〇〇マイルもの距離の「死の行進」を強いられました。老人、妊婦、幼児までもが、空腹と病気と寒さのなかを歩かされ、ついていけなくなった人は撃ち殺され、射殺された愛しい人を家族が埋葬することさえ拒否されました。ナバホの人たちは悲嘆と困惑のなかで自問しました。「何か、私たちが悪いことをしただろうか？　ここにいる私たちは、何人も傷つけてはいない。なんの理由もなく、こうして拘束されている」。あるいは、「どうしてこんな目にあうの？　どうしてここにいなければならないのか、わからない」と（Acrey, 1982, p. 51, 56）。自分たちの故郷から遠く離れて、いつも寒さにふるえ、空腹と病を抱えて、たえず死と向き合っていました。悪夢は四年後に合衆国と交渉が成立するまで続き、やっと故郷に戻ることを許されましたが、古来からのナバホの土地の所有権は、「征服」の名のもとに奪われてしまいました。

インディアン同化政策によるナバホの伝統智の抑圧

文化的政治的に支配しようとする合衆国のインディアン政策は、ほとんどすべてのアメリカ先住民に押しつけられてきました。教育による同化政策は、先住民の子どもたちを家庭から遠く離れた学校に連れ出し、部族ごとに受け継がれてきた暮らしのあり方を禁制しました。この学校では、子どもたちは自分たちの部族の言葉を話すことが禁じられ、新しい英語風の名前をつけられ、決められた制服を着せられ、髪は短く切られ、つまりは白人社会に適応できるように教育されました。この教育によってこうむった影響は、とても恐ろしいものです。言葉、文化、歴史、家庭生活、そういった長く受け継がれてきた暮らしのあり方が壊されました。アメリカ先住民は近年になって、白人社会の支配的な文化や価値観に染められるのを拒否することによって、このような同化政策に対抗して戦いました。あるいは、自分たち自身の文化の中にある保持すべきものを、支配的な文化の中にある類似のものと対比しながら、見極めていく努力をしてきました。

こうして強く抵抗してきたにもかかわらず、この抵抗を導いていく力は、次第に弱まってきました。今日では、連邦政府からの目に見える弾圧は減ってきた一方で、ネイティブ・アメリカンの若者たちは、自分たちの文化について知っていることはわずかで、自分の出身部族の言葉よりも英語を話すようになっています。自分の言葉や文化を知らない若者たちが増えている実情にあわせて、私が教えているナバホ国立の大学、ディネ・カレッジでも、英語で授業をしています。

伝承文化の喪失による影響

西洋の植民地化の結果として、先住民の社会に調和を与えてきた社会的構造が解体され、文化的な核心にある本質的なものが失われてきました。生活を支える文化的な要素が失われていくことで、大きな社会問題が生まれてきています。

一方で、西洋文化にある程度まで同化しつつ、うまく妥協していくこと。他方で、伝承的な暮らしのあり方を持続していくこと。この二つをめぐって、ナバホのコミュニティの人々やそのリーダーたちは、厳しい議論を重ねています。ナバホの伝統的な世界観を擁護することに否定的な人々は、西洋の考え方や人間観や組織観を支持して広めようとしています。ナバホ国に入り込んだ西洋の制度を、ナバホの民衆の必要に応じて再編するよりも、より多くの商売の機会、アメリカの中流階級のステータス、個人主義的な倫理観、競争に勝つことによる成功を求め、スピリチュアルな伝承文化よりもアメリカのポップ・カルチャーを受け入れています。

ナバホ社会を支える基礎として伝統的な価値を保持しようとする努力は、しばしば、かなり混乱した誤解によって、困難に直面しています。そういった誤解は、ある場合には、伝統的な信念から導きだした原理を、文化や時代を越えて拡大解釈し適用する際に生じます。祈りや歌や儀式などに精通した伝統的な知の中心にいる人たちは、ともすれば原理主義者のように、自分たちが公式の知の保持者として担っている役割を絶対化して、自分の観点を強く主張します。ナバホ国での意思決定プロセスで、原理主義的な彼らの主張がなぜなされるかといえば、西洋文化的に教育されたエリートたちの影響を食い止めるためにです。西洋式の教育システムにどっぷりと浸って西洋の観点を教育されてきた人々が及ぼす強力な影響に対抗しようとして、それが過剰になると、原理主義的になってしまいます。この二つの狭間で、私たちはディレンマを抱えながら、自分たちの伝承すべき文化、その世界観や価値観を模索しています。

2　ナバホの世界観　——世界のバランスをみる：ナバホのアイデンティティ

天地創造の物語

古代からのナバホの世界観を回復していくためには、その聖なる物語や歌や祈りを研究していく必要があります。

これらの物語には、朝から昼へ、夕から夜への日々のめぐりのなかに、この世界の大いなる恵みを読み取っていくための知恵が含まれています。

ナバホの神話は、「聖なる人々」が、最初の光からこの世界を創造し、私たちの周りに光のある大地を創り出し、そして、一日を光のある部分と闇の部分に分けたことを物語っています。この天地創造を完成したとき、「聖なる人々」は、自分が創った人間のなかに入り込み、そこにいのちをもった生活がはじまりました。

この天地創造の力は、生きた知恵として、その後の世界の動きのなかにはたらき続け、歩むべき道を示し続けてきました。このいのちの働きのことを、ナバホの言葉では、「ホジョ」と呼び、その本質を、二つの言葉で表してきました。一つは、けっして衰えることのない「永遠なるもの」、もう一つは、リズムのあるダンスのように「多様なもの」です。これらの二つによって、いのちの美しき道であるホジョを理解することができます。そして、伝統的な教えによると、この宇宙は知恵に満ちたものであり、その思慮深い知恵は、天体の動きや、光や、水の動きや、生き物の成長や人々の生活のなかに自らを表現しています。

ナバホの生活が目指すもの

ナバホの人々が生活について、人生について語るとき、いつも自分の身をスピリチュアルなコンテクストにおいて語ります。この地上世界が創造される前、スピリチュアルな世界には、永遠に死ぬことのない「聖なる人々」あるいは「大いなる創造者」が住んでいました。その人々は、それによって天地創造がもたらされた「聖なる力」だと言うこともできます。そして、地上世界が創造されたとき、その聖なる人々が、内なるスピリットとして入りこみました。ですから、ナバホの人々は、自分たちを、この聖なる人々の子どもと見なしています。このような認識によってこそ、どんな人もすべて神聖なものであり特別な存在であること、すべての人が創造の内なるスピリットと天の大いなる父

（グレート・ファーザー）につながった親戚縁者であることを理解することができます。

この創造の力にしたがって生きることが、人生と生活の秩序であり道なのです。それは、「ホジョジ」と呼ばれる、祝福の道、幸せと平和の道です。生きとし生けるもののつながりは、この道において理解されます。祝福の道、ホジョジは、そこにおいて精神が調和し、つながりのなかで安心があり、経済的な安定もあり、そして天地宇宙における自分の位置をしっかりと確かめることのできる人生を表現しています。

ナバホの言葉で、つながりや関係性のことを「キ」と呼びますが、それは美と幸福と平和の道を歩きながら、すべてのいのちに尊敬と畏敬をもって関わることを意味します。それは、人間が人間になること、つまり、善き物事と善なる意思のなかに自らを表現してくるグレート・スピリットと聖なる人々の子どもとして、人間が人間になることを意味します。

健全で持続可能な社会開発とナバホ伝統の知恵：「四つの形の知」のモデル

ナバホの国は現在、他の開発途上国と同じく、経済発展のために必要な地下資源開発に大きく依存しています。たとえばウランのような資源について十分な情報が与えられなかったために、健康上の問題や環境破壊が深刻になっています。

ナバホ国の経済を支えているのは、主に石炭産業ですが、そのある大きな会社は、三百マイル以上離れたサウスネバダにある石炭プラントが閉鎖されたため、採掘の縮小を迫られています。もしその会社が操業縮小から閉鎖に追い込まれると、その会社から得ている税金や採掘権料を失って、ナバホ国の財政が非常に苦しくなります。ナバホの人々は、自前の乏しい生活資源だけを頼りに、生活保障や福祉のサービスを打ち切り、その結果失業者は増え、連邦政府への依存度を高めなければならなくなるでしょう。

こういった現実に対応するために、二つの経済開発のためのプロジェクトが生まれました。一つは、カジノのような賭博場の誘致、もう一つは、石炭プラントを自前で建設することです。このプロジェクトの推進には、賭博を認める法整備と建設資金の支出承認のため、ナバホ国の議会での議決が必要でした。ナバホ国の現在のリーダーたちは、人々の多くが住民投票などで反対したにもかかわらず、この二つのプロジェクトを可決しました。しかし、この二つは、精神的な幸福感や健康、また多くのナバホのコミュニティでの家庭生活を犠牲にするものです。

このナバホ国の政府の決定は、いかにして自分の国の政策やプロジェクトを吟味し決定していくか、ナバホの国単位、コミュニティ単位の意思決定プロセスはどうあるべきか、についての関心を呼び覚ましました。それは、ナバホの伝統的な考え方に基づいた持続可能な経済活動をすすめていくための意思決定は、どのような理論モデルに導かれてなされるべきか、という問いだといえます。

この持続可能な経済と社会のためのナバホ・モデルは、母なる大地（マザー・アース）のスピリットから生み出されるべきです。マザー・アースは、彼女の子どもたちに、四つの形の知を授けました。その四つの形の知は、自分たちの地上での生活を導き、自分たち自身を治めて律し、すべての生きものたちがお互いを尊重しあいながらともに生き、そして心に安らぎと覚醒を与えてくれるスピリットを享受する、そのような知です。グレート・スピリット、つまりファーザー・スカイとマザー・アースの子どもたちとして、私たちがすべての生きものたちの善き意思とともに道を歩めるように、私たちに与えられたこの人生に調和と喜びを見出しながら生きていくのを助けるために、次にみるような四つの形の知が与えられているのです。

3　ナバホの「四つの形の知」

いにしえの昔から、マザー・アースは、四つの形の知を与えてくれたと語り継がれています。それは、朝、昼、夕、夜の一日の四つ部分に即して、人間の生き方と生活の活動を整え、導いてくれるものです。これは、この地上に住むことになった人々のために、まさに彼女が与えてくれたのです。部族の長老たちは、この四つの知を学び実践することで、人間の平和と調和、あるいはホジョジ（平和と幸福の道）が結果として実現していくことを教えてきました。

その四つの知の調和したバランスは、次のように特徴づけられます。

(1)　朝（白い光）「人生を導く価値」：人生に意味と方向性を与えるもの
(2)　昼（青い光）「生活を支える仕事」：生活の糧を得るための仕事、知識や技術
(3)　夕（黄色い光）「家族・親族の絆」：家族やコミュニティの人と人のつながり
(4)　夜（黒い闇）「生命への畏敬」：あらゆる生命たちへの尊敬と慎み

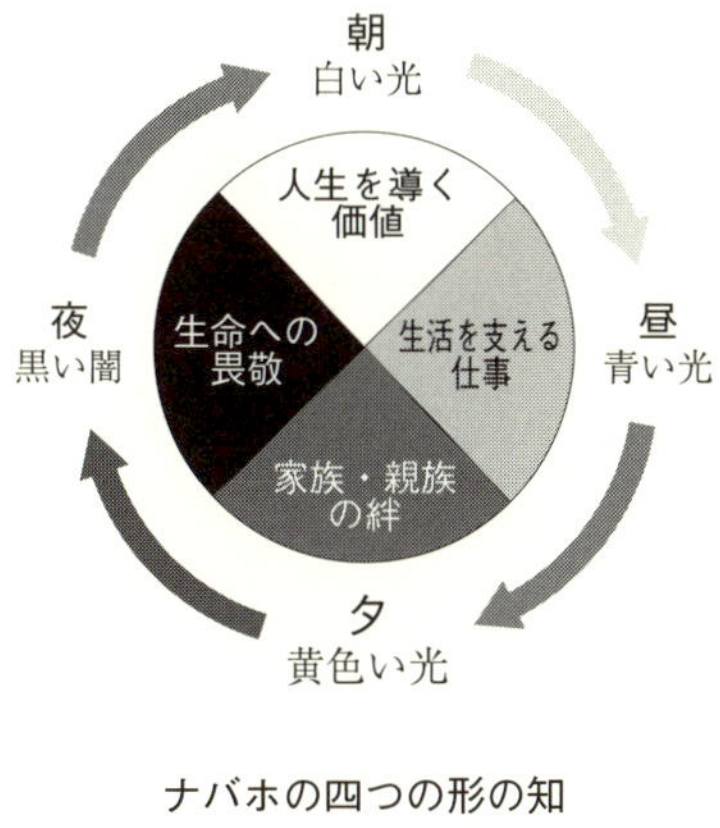

ナバホの四つの形の知

(1)　朝（白い光）「人生を導く価値」：人生に意味と方向性を与えるもの（東・春）

夜明けとともに朝がきて、東の空からくる眩いばかりの光明。これに向かって祈ることで、その光に導かれて、一日の生きる方向が確かめられ、また人生の意味や方向性がクリアに見えてきます。祈ることは、人が考えたり、計画を立てたり、教えたり、そして人生を歩むことの大切な一部です。そうすることで、人生において何が大事で

あるか、何に価値をおくべきか、その優先順位がわかってくるし、思考をクリアなものにしていくことができます。このスピリチュアリティは、人の強さと明晰さの源泉だと考えられています。

この「朝の光」は、忍耐強い、健全な教育の源泉であるし、人生を導く価値基準を与えてくれます。これがなければ、何を考え、何を行えばよいのか、その基準がわからないということになってしまうでしょう。

(2)　昼（青い光）「生活を支える仕事」：生活の糧を得るための仕事、知識や技術（南・夏）

昼間には、家族や社会に、しっかりとした生活の安定を与える仕事をします。そのためには、知識や技術とともに、人々が協力し合うことが必要です。また、働くことは、人間の尊厳にかかわり、人が尊敬されるための条件です。

子どもは、実際の仕事を通して、どのように仕事をすればよいかを学び、また、その仕事を担うことへの責任感も学んでいきます。それは、単に職業技術を身につけるだけでなく、倫理的、精神的な学びでもあります。

(3)　夕（黄色い光）「家族・親族の絆」：家族やコミュニティの人と人のつながり（西・秋）

仕事を終えて家に帰り、家族や親族で団らんの時間を過ごすとき、人と人のつながりがはぐくまれます。ここでは「愛」が中心の原理になります。父と母は子どもたちをあたたかく見守り、ケアし、いろいろなストーリーを語ったりします。家族の絆はとても大切にされ、祖父母も含めた拡大家族、さらに独特な名称が与えられている親族関係が尊重されます。

父なる空（Father Sky）と母なる大地(Mother Earth)の創世神話から、父性的な働きと母性的な働きの調和を、若い父親と母親は学びます。年齢を重ねるにつれ、若い人のモデルとなり、年少者を導いていく責任があることを自覚していきます。年長者の知恵は尊敬されています。

⑷　夜（黒い闇）「生命への畏敬」：あらゆる生命たちへの尊敬と慎み（北・冬）

人間が寝静まったあとの夜の自然のなかで、動物たちがいきいきと活躍しています。人間は、慎みと畏れをもって、それを邪魔してはなりません。ナバホの世界観にあっては、あらゆる生命たちは、他のすべての生命とつながりあっており、循環しています。人間もその一部にすぎません。すべては、他のすべてを活かすために、そこに存在しています。そこには、いのちの偉大な力、天地創造の力が働いています。そのことを人間が忘れずに、生命への畏敬を心にとどめることが必要です。

西洋の教育システムは、世俗的な学校教育から、スピリチュアルなものを締め出してきましたが、ネイティブ・アメリカンは、このようなホリスティックなパースペクティブを大切にしています。その目的は、生活と人生が平和で調和的なものとなるようにすることであり、そのために、四つの知のあり方をバランスの取れたものにしていくことに責任を持とうとしているのです。

一人ひとりが、つながりあう四つの知のそれぞれにおいて学び、成長していくなかで、すべてのもののシナジーのようなつながりや相互依存性がはぐくまれ、人間の本来のあり方が実現されていき、幸福の道を歩んでいくことができます。ですから、人々はみな、この四つの知のすべてをバランスよく学び、自分の生活に活かしていくように導かれるべきです。

4　「四つの形の知」の活かし方　――教育とカリキュラム

カレッジのカリキュラムへの適用

「ナバホの学びの哲学」（Benally, 1987）と題した論文において、私は、この四つの知を教育のカリキュラムや教授法をデザインしていく場合に、どのように適用できるかを述べました。それは、ナバホの教育学界において、ナバホのアイデンティティを検証していく際の基礎的な仕事となっています。ナバホのコミュニティ大学は、その教育理念と授業モデルを提示するにあたって、この考え方を適用して次のように明記しています。「調和的な生活のナバホの伝統的な考え方は、四つの知のすべてのバランスを求めている。その四つのバランスがはぐくまれることによって、ものごとを決断する健全な信念と価値観、よりよい家庭生活を築くための技能、家庭とコミュニティのあいだのよき関係、大地とすべての生き物たちへの畏敬をもつことができるようになるだろう」（Benally, 1987, p.17）。

また、この論文のなかで私は、四つの知の領域を参照枠として、ナバホの考え方と既存の教育学とを対比しつつ、さまざまな教育のあり方を整理してみました。このようにして、生徒たちは、適切な教育がなされるために、四つの知の形をすべて学んでいくことになります。ナバホ・コミュニティ大学の教授の一人であるマクネリー氏は、これがどのように適用されていくかについて、次のように述べています。

この教育の理念は、一般教育の目的や原理を明確にしているだけでなく、「あらゆるもののつながりを見ること」をはぐくむための世界観を提供しています。人々の考え方や世界観を「ナバホの偉大な四つの知に焦点づけることによって、ホジョという望ましい生き方に必要なものを与えていく」（Benally, 1987, p. 23）のです。すなわち、このカレッジの学習コースとプログラムのすべてにおいて、四つの知のすべてがバランスよく対応するように組まれており、それはナバホの学びの哲学を反映しているのです（McNeley, 1988）。

「経済の原理」の授業コースの事例

この四つの知の教育実践への適用は、すべての教科のなかに、価値観、生活維持に必要な技能、社会性、自然環境との関わりの四つの側面が含まれるようにすることによって実現します。一般教育は、四つの知の領域によって特徴づけられる幅広いテーマを含んでいます。たとえば、「経済の原理」という授業コースが教えられる場合も、ナバホの学びの哲学にしたがって、①生きるために大切にすべき価値について、②日々の生活を維持するために必要なものについて、③社会的な福利厚生に関するものについて、④自然環境への経済活動の影響について、という四つがその授業科目のなかに含まれることになります。

一例として、「持続可能な経済活動のための学習」の事例をみてみましょう。このモデル・ケースでは、合衆国のユタ州南部にある石油会社の性格・特性を分析するために、ナバホの伝統的な評価基準によってシンプルな査定基準がつくられ、つぎの四つの質問が、その地域住民に対して問われました。①この石油会社は、どれほど自然環境に関心をもち、配慮しているか。②どれほど地域の人々や社会に関心をもち、配慮しているか。③どれほど労働条件や利益に関心をもち、配慮しているか。④この会社のもっている性格・価値観を評価してください。この四つの質問に、地域住民は一〇点満点で答えました。その結果、環境への配慮、地域への配慮、会社の性格については非常に低く、一番高いのが、労働者や利益への配慮についてでした。

その理由として、地域の人たちは、次のようにコメントしています。この会社は、地域の水資源を汚染してしまったために、家族や家畜の飲み水を得るために、今では片道六〇マイルも離れたところまで行かなくてはならなくなった。このように、近隣の地域社会への配慮はなく、雇用機会は提供しているものの、環境や地域への配慮のなさから、この会社のもっている価値観は評価できない、「この会社が価値をおいているのは、お金だけだ」としています。ナバホの伝統的な知の枠組みに照らせて、四つの知の一つでも無視することがあれば、結局のところどのような悪影響が生じるかが、ここに明らかにされています。このようにして、持続可能な経済活動のために必要なことを学ぶことができるでしょう。

まとめ

ポスト植民地主義の状況下のナバホ社会において、健全で持続可能な開発のためには、今まで以上にもっと、ここに述べてきた四つの知の形を重視し、そのバランスに配慮していく必要があります。ナバホのホリスティックな世界観をモデルとして、教育のプログラムや政策を見直す必要があります。このモデルは、いくつかのナバホの学校に適用してきましたが、ほかの西洋モデルの教育をしている学校にも広まることを望みます。私たち自身の歩んできた伝統的な道のいくつかは、持続可能な社会をつくり出すうえで、きっちりと再評価されるべきです。長老たちのもっていた知恵や価値観を、四つの知とそのバランスで表現したこのモデルを、平和で持続可能な開発のための教育に役立てることを願います。

（抄訳：吉田　敦彦）

参考文献

Acrey, Bill P., (1982). *Navajo History to 1846: The Land and the People*, Shiprock, N.M.: Department of Curriculum Materials Development.
Benally, H. (1987). Diné Bo'ohoo'aah Bindii'a: Navajo Philosophy of Learning. In Diné Be'iiná: Journal of Navajo Life, 1(1).
Benally, H. (1988). Diné Philosophy of Learning. In *Journal of Navajo Education*, 6(1).
Benally, H. (1992). Spiritual Knowledge for a Secular Society. In *Tribal College Journal*, 4(1)
McNeley, James K. (1988). A Navajo Curriculum in the National Context. In *Diné Be'iiná; Journal of Navajo Life*, 1(2).

4 リシヴァリー・スクールにおける持続可能な社会に向けての教育実践

ヴィジェンドラ・C・ラモラ
インド
クリシュナムルティ・スクール教員

ヴィジェンドラ・ラモラさんはクリシュナムルティの創設した南インドにあるリシヴァリー・スクールの小学部でヒンディー語とヨガを教えている先生です。

文字通り森の中にあるリシヴァリー・スクールそのものが、ESDの積極的な実践校であるばかりではなく、ラモラ先生自身が持続可能なシンプルなライフスタイルを貫いています。いつも笑顔を絶やさず、生徒たちに一言いう前に自分で率先して校庭のごみを拾って集めている姿は、まさに生活の中でESDを体現しているといえます。

生前のクリシュナムルティから直接学んだことのある数少ない教師のひとりであるラモラ先生は、ESDのワークショップでヨガの基本を指導してくれましたが、単にヨガをやればスピリチュアルな力が得られるわけではないことを警告しながら、クリシュナムルティが繰り返し説いていたように、すべてを疑ってかかること、それはシニカルな態度ではなく、もっともスピリチュアルな探求の方法でもあることを強調していました。

（金田　卓也）

インドの社会的・歴史的・文化的諸問題

過去数十年にわたりインドでは生活を脅かす環境問題に対する関心というものが高まってきています。都市には人々が集まり、ビルや工場や自動車でいっぱいになっている一方、地方では失業者や土地を持たない人々が増えるという問題を抱えています。雇用の促進は環境資源枯渇の問題につながります。そうした中で、国家は平和を維持し、貧困問題を根本から解決し、かつ環境を守っていくという大きな試練の前に立たされているのです。

教育は地球規模の環境危機に対して挑戦しなければなりません。人間は生態系へ依存しているものであるということを認識し、そのことを大切にする新しい文化というものを創造していくために教育の大きな変革を必要としているのです。教育を通して、自然に対する尊敬の念を高めると共に、一人ひとりがもっている平等の権利を尊重し合い、多様性の中の統一を目指すことが重要だといえます。

クリシュナムルティの教育理念

私たちリシヴァリー教育センターはインドのアンドラ・プラデッシュ州南西部の標高約八三〇メートルの丘陵地に位置し、気候的には熱帯に属しています。この渓谷は三方を太古からの岩と棘の多い潅木が点在する穏やかな丘陵に囲まれ、もう一方は田園の続く平原へと広がっています。この土地の植生はとても豊かであり、三二〇種類以上の種が記録されています。その中の一二〇種以上の植物は重要な薬草として用いられ、ほかの植物の多くも経済的価値をもっています。この谷はかつて森林保護地区として指定されていたところでもあり、限られた特殊な環境にさまざまな動植物が生きています。

設立者のクリシュナムルティ（一八九五－一九八六）は現代の偉大な教育者・哲学者のひとりとして国際的にも

知られています。彼はリシヴァリーにも近いマダナパッリという小さな町で生まれ、人間を完全に、条件なしに自由にすることを目指して、死の直前まで世界各地を旅しながら、講演活動を行いました。

　クリシュナムルティの哲学に基づいて、次のような教育目標が教師と生徒たち双方に強調されています。

(1)　教師と生徒の他者に対する責任感を育てること。
(2)　周辺の環境の儚さを知ることによって環境に対する責任感に目覚めさせること。
(3)　グローバルな世界観をもたせること。―環境（自然）に国境はない―
(4)　競争ではなく協調に基づく学習の在り方を生徒に教えること。
(5)　調和と平静のある感性を育てること。
(6)　時の流れに逆らうことは不可能であることを理解させること。

　以上の目標を達成するために、リシヴァリー教育センターはさまざまな分野で独自の教材を開発してきました。私たちは生徒たちに植物や動物といった自然と人間の生活の中に存在するつながりに気づかせ、自然に対する豊かな感性を育てるための教科書や問題集などの教材を制作するとともに、講義ばかりではなく討論や実際のフィールドでの活動を通して持続可能な発展を目指す教育を実践しています。

理念と実践

　リシヴァリー教育センター所長であるラディカ・ヘルツバーグ博士は、世界的にもよく知られる教育者であり、教育を通しての改革を進めていくための幅広い計画を示しています。大地へのケアを重要視したその計画には、近隣の村々を再び緑豊かなものにしていくために地域に残る植物の種子を保存していくといった、教育的資源を近隣の人々とも分かち合うことが含まれ、私たちの活動の指針となっています。

この計画は教師と生徒たち共にこの学校に暮らす人々の野鳥など自然に対するケアリングの態度を促しています。生徒と教師の調査したところによれば、この谷には二〇〇種の鳥と五〇種の蝶と多様な爬虫類が生息しています。一九九一年に野鳥保護区として宣言して以来、野鳥観察は特に盛んに行われてきました。

自然と環境について理解する教育と私たち自身について知る教育というものはひとつのものだということができます。私たちは環境について学習するために生徒たちを野外に連れて行き、自然と直接触れさせることを大切にしています。それはなにが持続可能なライフスタイルであるのかを知るためのエコロジカルな実践であるといえます。私たちの学校ではそうした理念を実践するための多くのプログラムがあります。

リシヴァリーでは、再生不可能な資源の利用を最小限に抑え、効率のよい資源を最大限に利用することで、長期的に見て望ましい持続可能な発展のためのシステムの改革をしています。

リシヴァリー教育センターはリシヴァリー・スクールの運営ばかりではなく、近隣の村落地域の援助と開発にも深くかかわっています。ある意味では、村落地域の伝統的生活というものは自然環境と調和した持続可能なものであるともいえます。しかし、近代化の影響はそうした持続可能な生活スタイルを変えつつあり、また村落地域の貧困といった社会的問題は早急に解決しなければならないものです。

過去二〇年間、リシヴァリー周辺に一八のサテライト・スクールを設立し、村落地域における教育を発展させてきました。村の学校において必要とされている基本的な算数や国語そして環境教育の授業のためのカードや図表など、分かりやすく扱いやすい教材が考案されています。とくに、村落の教師不足に対応するために、上級生が下級生の学習をサポートし、ゲームを通して自分のペースで読み書きや計算を学んでいくといった教育プログラムを開発してきました。その独自な教材はリシヴァリーの中だけではなく、インド国内の何千という学校のモデルとなっています。

またリシヴァリーの学校医がサテライト・スクールの生徒たちおよび村落地域の健康管理にあたっています。二・五ヘクタールの薬草園は、村人の医療の助けになるだけでなく、村落開発プログラムを通して、失われつつある自分たちの土地に関しての伝統的な知識と信頼を取り戻させています。

リシヴァリー・スクールと村落地域のサテライト・スクールとの交流も行われ、相互に学び合うことが目指されています。なぜなら、都市部からリシヴァリー・スクールに来ている生徒たちも村落地域の現実を知ると同時に伝統的知恵というものも学ぶことができるからです。

このように持続可能な生活の実現のためにリシヴァリー・スクールと村落地域は相互に協力し合っているのです。リシヴァリーの村落地域教育センターは村の人々の飼っている牛の糞から発生するガスをエネルギーとして利用するために牛糞を溜める巨大な装置を作り、学校の調理に必要なエネルギーの二〇パーセントを生み出しています。他にも、学校の食堂の上には大きな太陽電池板があり、調理の蒸気や寮のための熱湯のために使われています。これらの代替エネルギー源を使うことは、学校経営のためと生徒たちに持続可能なオルタナティブな生活方法を教えるためという両方の目的があるといえます。

持続可能な社会を実現するための教育というものは学校の授業の中に限られるものではなく、生活全般と地域社会に直接関わることによって、生徒たちのライフスタイルそのものを変革していくものでなければならないのです。

インドにおける持続可能な発展を目指した先達として、マハトマ・ガンティーをあげることができるでしょう。彼はESDという言葉を使うことはなかったけれども、生涯、シンプル・ライフを貫いたESDの実践者であったといえます。たとえば、マハトマ・ガンディーは手紙を書くときはいつも再利用の封筒を使っていましたが、リシヴァリー・スクールでも、日常生活でできる実践というものを教師自ら実践し、生徒たちにも指導しています。リシヴァリーで行われている持続可能な社会の実現を目指した具体的な実践には次のようなものがあります。

さまざまな実践

①酪農業
②養蚕
③マンゴーの有機栽培
④タマリンドとココナツの栽培
⑤野鳥保護
⑥世界自然保護基金のキャンプ
⑦五ヘクタールの有機農業
⑧大規模プランテーション
⑨生ゴミのリサイクル
⑩バードウォッチング
⑪土壌浸食防止のための小規模ダムの建設
⑫野生種子の採取と保護
⑬古新聞・古雑誌を袋や封筒に再利用
⑭雨水の貯水
⑮学校全体でのプラスチック袋の流入を防ぐような環境づくり

⑯調理に使用する太陽熱利用の温水器設置

⑰近隣の村落と一八あるサテライト・スクールへの服と靴の配布

⑱全校挙げての文化に関する授業の実施

⑲木工・刺繍・料理の授業

⑳職員と生徒による節水と節電の徹底。お互いに必要のないときは電気器具のスイッチを切り水道の蛇口を閉めるように注意し合っています。こうしたことは原子力・火力・水力発電による電力の消費を可能な限り削減して持続可能な社会にしていくためのひとつの方法だといえます。プラスチックのような自然に還らない素材で作られたものの校内での使用をできるだけ減らすためにボールペンのような使い捨て文房具ではなく万年筆の使用を生徒たちに奨励しています。

㉑生徒たちは水道・電気・電話を最小限に使用するようにしています。校内では個人的に小遣いを使うことは許されていません。画一的な気持ちにさせないために、服装に関する規則はありませんが、生徒たちはシンプルで着やすい服装をしています。

㉒午前九時から午後四時の間に授業が行われますが、一日の初めに講堂に集まり、サンスクリットの詠唱をみんなでしたあと、座って黙想をします。

㉓ガラス、金属缶、プラスチックと電池のリサイクルも行っています。調理場から出る生ゴミは野菜やマンゴーの有機栽培のため堆肥として活用されます。

木の下での授業

大地へのケア

㉔リシヴァリー教育センターは周囲の村落において持続可能な農法を奨励しています。持続可能な農法によって、動植物と共に働くことに喜びを見出せる農民たちは仕事を得ることができます。持続可能な農法というものは身近にある自然の豊かな資本を生かした村落共同体というものを持続させることでもあるのです。生徒たちの中には選択科目として有機農法について学び、実際に有機農業に参加している者もいます。

㉕この学校は医療と農業の両面でその価値を活用するために生態系の多様性の保護を行っています。アーユルヴェーダ医学のための薬草園をもち、人間の健康を維持する上での重要な天然資源である薬草を栽培しています。

一九八〇年にアンドラ・プラデッシュ州より緑化のために学校に隣接する一五〇エーカーの丘陵地が貸し付けられました。それ以来、森林局と協力しながら学校をあげての緑化活動が進められてきました。丘陵地は雨水を貯めるように作られた小規模ダムで階段状に保護されています。何千という苗木が育てられて、植林業者と共に生徒と教師も協力して種を蒔いたり、水をやったりしながら、植え替えられるように育つまで世話をしています。このようにして毎年二万本の植林が可能になりました。植えられた多様な樹木の成長によって、みみず・かえる・野鳥にとって棲みやすい環境が生まれます。植物は鳥に餌と棲家を供給し、野鳥は種子を運び、このような植生の多様性によって野生生物界の新たな持続可能な恩恵のサイクルが生まれるかもしれません。そうした環境への取り組みの中に「自然を静かに見つめることによって得られる体験は意識の中に沈潜し、心と頭両面を変革させ、人生に健全さと寛大さをもたらす」という、クリシュナムルティの精神が伝わっているといえるでしょう。

㉖インドでは寺院における蛇信仰にもかかわらず、蛇をすぐ殺す習慣があります。しかし、リシヴァリー・スクールでは、生徒たちに毒のない蛇の見分け方を教え、毒のない蛇は大地に放してやるよう教えています。

㉗生徒たちは外の世界で起こっていることすべてに対して静かに注意深く観察すると共に、沈黙の中で外の世界と自分の内面の思考の動きというものを観察することを学んでいます。
㉘リシヴァリー・スクールでは、社会的に低い階層の人々の向上に貢献している親の子どもたちを優先的に入学させる特別枠をもっています。
㉙私たち自身と自然そして環境について理解することは一緒のものでなければなりません。私たちは環境について学ぶために生徒たちを野外に連れて行き、自然と触れ合うことを大切にしています。それは、より有意義な持続可能なライフスタイルとはなにかということを考え、エコロジカルな実践の可能性を探ることでもあります。

自然と人間

リシヴァリー・スクールの創立者であるクリシュナムルティは教育を進めていく上で、宗教と勉学がうまく共存する学びの環境というものを創り出しました。子どもたちを善良で知的な人間に育てることを目指したかれにとって理念と実践は不可欠のものでした。クリシュナムルティは次のように述べています。

私たちは正しい教育とはどんなものであるか、理解しておかなければなりません。正しい生計の立て方とはどんなものなのでしょうか。理解し合って共に暮らすということはどういう意味なのでしょうか。そして、私たちと自然との関係はどんなものなのでしょうか。

この地球というものは、あなたのものであり、私のものである、つまり私たちみんなのものなのです。私たちはそこで共に暮らしていかなければなりません。地球を慈しみ、その大地に動植物を育てることによって、世界中のすべての人々が衣食住足りることが可能になるのです。しかし、実際にはこの地球はお互い競争し合う国家に分断されているために、そこに暮らす何百万人もの人々は衣食住に必要なものさえ足りていないのが現状なのです。

——ベナレスのラジガート・スクールにて、クリシュナムルティ

そうしたクリシュナムルティの教育理念に基づき、私たちはリシヴァリー・スクールでさまざまな実践を行ってきました。教育において、自然界と人間社会は相互に関連しあっていることを生徒たちに教えていくためには、持続可能な社会の実現に向けてのホリスティックなアプローチによる哲学を基礎とすべきだと考えています。

自然と調和のとれた関係の中で生活すると、当然異なった学びの雰囲気をもたらします。それは自然に対しての愛情をもたらし、現在ばかりではなく未来の人々のことまで配慮したものでなければなりません。私たちは、この地球に招かれている客なのであると考えてみましょう。地球は私たちひとりひとりを招いてくれ、ほんとうによくもてなしてくれています。そうした地球に対しても、私たちは客としてケアする必要があります。そのことを充分に理解していれば、この地球とそのエコシステムを少しでも傷つけるというようなことはしないでしょう。

こうした地球についての哲学をもとにした新しい文化を築いていくために私たちは現在の教育に関する考え方を変えていかなければなりません。その新しい文化というものは、自然に耳を傾けて人間というものは健全な生態学的なシステムに依存しているということを認識し、尊重できるような文化なのです。

多様性の中の統一

また、自然への畏敬の念と共に多様性の中の統一というものを教える必要があります。多様性の中の統一という

のは、生物界のエコロジカルな原理であるばかりでなく、異なる民族や宗教や文化の人々が共存していかなければならない私たち人間社会にとってもきわめて重要なことです。それは、持続可能な発展を目指す世界中の人々にとっての倫理的基盤となるべきものです。

リシヴァリー・スクールにおいても、持続可能な未来を実現するためにはどのようにしなければならないかということを生徒たちと一緒にディスカッションする場を多く設けています。

生徒たちは、まず持続可能とはいえないような生産形態の問題点、つまり無制限には消費することができないという地球の有限性というものに気づく必要があります。そして、持続可能な発展についての基本的理解と今日の世界が直面している社会・経済・環境のさまざまな問題の広がりというものを理解し、そして、それぞれ異なって見える問題の中に関連性を見出すことも重要です。

クリシュナムルティによって創設され発展してきたリシヴァリー教育センターは真の意味で理論ばかりではなく実践の伴ったＥＳＤのモデルということができるでしょう。

生徒たちに対して、さまざまな分野で活躍する人々を招いて自然環境とエコロジーに対する意識を高めてきました。六〇年代初期において活躍したインドの緑の革命の父とも言うべきスワミナタン教授、科学者であり社会活動家であるヴァンダナ・シヴァ博士、作家でもあるマハトマ・ガンディーの孫であるラジモハン・ガンディー氏など環境問題の専門家ばかりではなく、科学者・経済学者・芸術家も含まれ、とくに環境問題とグローバルな問題への関心を喚起してきました。

生徒たちは学校を去ったあとも自分たちで持続可能な発展のための生活を続けられるような実践的な技術を学んでいます。生徒たちは物事を批判的に議論できる能力を持ち、気づきから知識へ、知識から行動へと発展していくのです。

スピリチュアルな気づき

地球規模の種の絶滅や水汚染といった環境問題の解決を目指し、自然に対しての関係性というものを再構築するために協力していくことは可能なはずです。教育の課題は「地球」というものを中心に据えたカリキュラムを作り、欲望と攻撃性から生まれるこれまでの習慣と世界観からいかに脱することができるかということを生徒たちに教えていくところから始まります。

クリシュナムルティは、人間というものは、ものを持てば持つほど、もっと持とうとする、つまり所有欲に限界がないこと、そしてそれはひとつの心の病であることを指摘しています。持続可能な発展を目指すということは、その所有欲の連鎖から自由になることでもあります。

科学とテクノロジーだけではすべての問題は解決することはできないでしょう。生徒たちがグローバルな問題に関して、科学とテクノロジーを超えたところまで目を向けていくことが必要なのです。それはスピリチュアルな次元にもつながっていきます。スピリチュアルな探求というものは、環境問題の根本的な原因を追究し、自分自身の心を見つめるところから始まります。スピリチュアリティとは人間が本来的にもっている知性のことだといえます。その自然に備わった知性によって、地球の美しさを感じとり、地球環境の問題に対してどうしなければならないかということに気づくことができるのです。

自己を静かに見つめる場

スピリチュアルな気づきのためには自己を静かに見つめる場所、「リトリート」というものが必要だといえるでしょう。豊かな自然に囲まれ静寂のときを過ごすことのできるリシヴァリーそのものがリトリートということができるかもしれません。

持続可能な社会を目指す教育に関わるとき、教師自身の心のあり方とライフスタイルが問われます。自己を静かに見つめるリトリートというものは、生徒たちばかりではなく教師たちにとっても欠かせないものだといえます。リシヴァリーでなくとも、教師自身が自分自身を静かに見つめる時と場を確保すること、それがＥＳＤの第一歩といえるのではないでしょうか。

もしできることなら、私たちは実際の木々と茂みと花と草と、そして流れていく雲と永遠に続く深い関係を結ぶべきです。そうすれば、私たちが他の人間を傷つけるというようなことは如何なる理由があってもないでしょう。

――クリシュナムルティの言葉

（訳：金田　卓也）

訳者　かねだ　たくや
オレゴン大学を経て、現在、大妻女子大学家政学部児童学科教授。インドとネパールをフィールドとし、クリシュナムルティの開いたリシヴァリー・スクールでも教える。国際子ども平和壁画プロジェクト代表。

5　ヒューマニタリアン・スクールにおける伝統的なホリスティック教育

ヴァシリー・V・セメンツォフ
ロシア
ヒューマニタリアン・スクール校長／サンクトペテルブルグ大学院教員養成アカデミー講師

ヴァシリー・セメンツォフさんに初めてお会いしたのは、フィンランドで開催された欧州自由教育フォーラム（European Forum for Freedom in Education）での年次大会でした。学力の国際比較調査で同国が世界一になったことが賞賛される中、安易に学力競争に呑み込まれるような時代の趨勢を力強く批判していました。

セメンツォフさんは、かつてサンクトペテルブルグ大学で教鞭をとっていましたが、ペレストロイカの時、オルタナティブ教育運動を主導し、現在では校長としてヒューマニタリアン（人道）学校をサンクトペテルブルグ郊外の街で運営しています。彼の学校を訪れたとき目にしたのは、国際会議の勇姿とは異なる姿、すなわち小さな子どもにも同じ目の高さで語りかける愛情溢れる教師の姿でした。語源学の学者としても知られるセメンツォフさんは、ギリシャ正教の敬虔な信徒でもあります。

（永田　佳之）

1　わが校の歴史的背景　――家族志向の教育伝統の回復

ロシアのサンクト・ペテルスブルクの近郊にあるプーシキンのヒューマニタリアン・スクールは、六歳から一七歳の子ども向けに一九九一年に私立の教育施設として、開校しました。この学校を開校した主な理由は、家庭と国立の学校の両方で子どもの伝統的な子育ての危機が増大していることでした。以前ロシア皇帝の村であったプーシキン村は、リセウム（高校）のある町として有名な教育伝統をもち、この学校で、ロシア最大の詩人アレキサンダー・プーシキンが教育を受けたのでした。

ヒューマニタリアン・スクールは、以前のリセウムの建物から二区画離れた所に位置しています。当時のリセウムは、今では、教育史の博物館になっています。創立当初から、私たちの学校は、ロシアの高校教育の最善の伝統、すなわち高貴な教育、慈善、および教師と生徒の家族との協力、の回復と発展を目指しました。

私たちは、それぞれの学校が、それぞれの学校にふさわしい優れた子どもの教育や養育の範例を選択すべきであると信じています。一九九一年以来の私たちの選択は、ロシア皇帝ニコラス二世とアレクサンドラ皇后と五人の子どもたちの家族写真に示されています。この皇帝の家族は、七世代以上続く高度な教育を受けた人々の流れに基礎を置いており、祖先や子孫に対する個人的な尊敬、共通の信念、文化と協調によって結びつけられています。一九九一年の段階では、この家族写真は、まだそれほど有名ではありませんでした。現在では、ロシアにおいて、また正統派キリスト教会において、この写真は、神聖なイコンとなっています。

ロシア皇帝ニコラス２世の家族写真

2　つながりと持続可能な開発のためのわが校の基盤

私たちの学校の理論と実践の基礎的な考え方は、人間の言語、正確には母国の言語を、先祖の世代と子孫の世代のあいだのつながり、また人間の内的なパーソナリティの異なれる部分のあいだのつながり、の基礎として扱うことです。私たちの学校の生徒のパーソナリティへのホリスティックなアプローチは、先祖とのつながりと、同時代人との親しい対話に基づいています。

人道主義的な学校の主要教科は、言語パーソナリティという教科です。「あなたは何に属していますか」という質問への答えは直接的で単純なものです。それは、私たち全員が、生徒も両親も教師も私たちのネイティブな言語に属しているというものです。私たち全員は、母国の理解のための言語、母国の忠実なる子どもとしての言語に属しているのです。

言語（ラング：ロシア語ではヤジーク）は、世界の多くの言語と文化の中で同じ内なるパターンを示しています。その語源は、リンクあるいはつながり（ラテン語のリンガも、同じ起源です）という象徴に行き着きます。ロシア語で「ヤジーク」という言葉は、「スヴヤーツ（つながり）」という言葉と同じ起源です。また「ヤ（以前はヤズ）」という言葉は私自身とか私とか翻訳され、パーソナリティを指しています。

別言すれば、言語は、私たちに、私たちのパーソナリティが何世代にもさかのぼる祖先のつながりの成果であるということを教えてくれるのです。私たちの言語のそれぞれの言葉の起源には、祖先の人間たちの先史時代の態度のパターンが見出せるのです。

こうした内なる隠されたパターンを理解することによって、生徒たちは、先祖との共通の言語を再び確かなものとし、全人類との共通の言語を再び確立するのです。実際の教育実践の中では、私たちは、言語パーソナリティの発達の四段階を区別しています。

(1)　自己中心的段階――言葉に対する内的な自己確信とか個人的意味のほうが、つながりなど、語源的にもとの単語に示されている伝統的な態度のパターンよりも重要だと考えている段階

(2)　集団帰属段階――友達とか同時代人とか現代の口語的な単語の意味の社会に帰属していることのほうが、つながりなど、語源的にもとの単語に示されている伝統的な態度のパターンよりも重要だと考えている段階

(3)　冒険家の段階――つながりの断絶、内的独立の感情、言葉を意味がないものと扱うこと、こうしたことが、つながりなど、語源的にもとの単語に示される伝統的な態度のパターンよりも重要だと考えている段階

(4)　ホリスティックな（目標）段階――つながりなどの語源的にもとの単語に示される伝統的な態度のパターンのほうが、自己中心的なタイプ、集団帰属的なタイプ、冒険家的なタイプの意思決定や生活動機よりも、人生の選択にとって意味深く影響力があると考えている段階

キーワードの授業でその言葉の語源を探ることによって、またその言葉の語源に関連した父系家族に承認された振る舞いパターンを探ることによって、学校は、生徒たち一人ひとりが国民文化、世界文化に属していること、人類全体に包摂されていることを「知る」手助けをするのです。

私たちの教育ヴィジョンは、すべての人間は、多かれ少なかれ一つの父系家族の遠い親戚であり、遠い兄弟姉妹であるという信念に基づいています。地理的、民族的に離れている親戚とより密接なつながりを獲得するために、私たちは、生徒がかれらの民俗的な文化や詩の様式のいくつかを身につけるように援助します。

3　一人ひとりの個性に対する尊敬の伴う相互理解を目指して

私たちすべては、同じ起源から生まれました。こうした起源を探ることは、私たちの共通の言語、私たちの相互

理解を見出すことを意味しています。さて、それでは、理解（understanding）というキーワードの中に、いかなる種類のパターンの人間のつながりを見出すことができるのか、と問うてみましょう。

私たちが異なった意見や見解をひとつの共通の言明へと結びつけるとき、私たち全員は、どんな木の下（under）に立っている（stand）のでしょうか？　この木は知恵の木でしょうか？　そうです。なぜなら、知識は、ラテン語のグノーシス（認識）とギリシャ語のゲン――ジェンダー、伝承、先祖とのつながりと同じ起源だからです。したがって、この木は、語源の木でもあるのです。

この木の下に立つことによって、私たちは、すでに私たちより上にいる人々、私たちの祖先たちに従うということになります。祖先という言葉は、私たちの前に立っているあるいは私たちの前を歩いている人という内なる語源パターンを持っています。ラテン語の祖先（アンテセデーレ）という言葉において、「アンテ」は前を意味し、「セデーレ」は歩く、行くを意味しているのです。私たちが知っているように、先祖とのつながりは、水平ではなくて垂直です。地上から天国へと垂直です。それゆえに、垂直に私たちより先に行くということは、つまり私たちの上にいる、下に立っている人々のうえにいるということなのです。

私たちの相互理解にとっての最善の道は、祖先たちとのつながりと共通の言語を通る道であるということが、語源から明瞭になりはじめています。このことをよりよく理解するために、私たちは伝統的な世界の文化の構成部分、連結部分として、私たちのホリスティックなパーソナリティを発展させてきたのです。

私たちの先祖とコミュニケーションするひとつの方法は、古い書物、手稿などの歴史的なメッセージを読むことです。この方法は、すべての人に対して魅力的であるわけではなく、古い手稿を読んだり研究論文を書いたりするよりも聴いたり漫画をみたりすることを好む若者に対しては、魅力的とはいえません。より一般的で単純で自然な方法は、ネイティブ言語の個々の単語に語源的に示される態度のパターンを表す比喩的な象徴を通して、先祖たちと結びつける方法です。

私たちが、それぞれの言葉の起源を深く見通しますと、私たちの遠い祖先がいまなおこの言葉によって指し示されている一つの現実に対する態度を、表現する比喩としてもちいていた単純なシェーマを発見することができるのです。そうすると、私たちは、この言葉の現代的意味と、私たちが今意味しているものに対する先祖の態度を、比較することができるのです。

その結果は、まったく非合理で、主観的なものとなるでしょう。しかしながら、この短い語源の対話は、私たち一人ひとりを、抽象的で形式的な計算から切り離し、永遠の生命へと至る未来への道を選択する方向へと方向づけてくれるのです。成功をもたらしてくれた私たちの賢明な先祖の子孫として、私たちは、自然や伝統的でホリスティックな型や態度に従うことになるのです。

4　ヒューマニタリアン・スクールの語源に依拠した意味分析法の教育過程の構造について

教師は、授業の主要なキーワードの語源を研究して、生徒がかれらの主観的意味・意義、個人的意味・意義、共通の意味・意義、遺伝的意味・意義を語源的意味と比較する手助けをします。比較の作業は、それぞれの生徒の「目を開かせる」ことを助けることです。合理的なヴィジョンと心理的なヴィジョンに加えて、その教科の心臓で感じられたヴィジョンを見るだけでなく理解することを助けることです。

意味分析法を使った授業の主な特徴は、どのクラスどのグループにおいてもそれぞれの生徒の人格的な成長に対して個別的なアプローチを取ることです。

この規則を実行するために、ヒューマニタリアン・スクールでは、二つの文字を併記した九段階評価尺度を用いています。この方式は、七年ほど前に、わが校の専門家によって開発されたもので、わが国の伝統的な知識の五段階評価尺度に付け加えられたものです。追加された尺度は、生徒の人格的な態度や勉強に対する動機付けのレベルを示しています。たとえば、ある生徒が４ｃという評価を受けたとすると、この評価は、五中の四といういきわめて高い知識のレベルと同時に、生徒が教師の人格的な評価や励ましに対し受動的に依存していることを示しています。ｃは、能動的抵抗や拒否、反対を示すａあるいはｂよりもよいけれども、能動的な善意の協力への第一歩であるｄまでは至らないことを示しています。

その学年の間に受け取ったすべての評価を検討した後で、私たちは、生徒の一部に対して来年度のための新しい個人的な教育プログラムを開発します。これらのプログラムは両親が同意し、それぞれの生徒の家族と特別の協定を結んだ後に、実施可能となります。もし、家族が文字評価や意味分析法に反対した場合は、決してその生徒には、用いられません。

すべての個人的な教育プログラムは、標準化され、三つのタイプに分けられています。①人格的な成長を支援するプログラム、②振る舞いを改善するプログラム、③成績を向上させるプログラム。それぞれの個人に向けたそれぞれのタイプのプログラムは、みな、人格的部分、行動的部分、学力的部分を含んでいますが、個人向けのプログラムの目標としては、三つのうちの一つだけが主要目標となります。他の二つは、支援的、手段的な目標となります。

個人的な教育プログラムの実施は、個々のコーディネーターにより指導されます。彼らは家族と一緒に仕事をする権限が与えられ、生徒に対してのみならずその生徒と一緒に仕事をするすべての教師に対しても課題を与える権能が与えられています。一人のコーディネーターが指導できる生徒の数は、九人以内です。

語源意味分析法の開発実施過程の最初の最も重要な結果として、次のことが挙げられます。

――生徒の家族との協力関係の改善

――生徒の興味のレベルが活性化し上昇する
――青年期の落ち込みや心理的コンプレックスの防衛と除去
――生徒の創造性の発達
――麻薬や、それ以外の自己虐待に対する防止と心理的教育的免疫化

語源意味分析法と教育へのホリスティック・アプローチの開発の最も重要で価値ある「副産物」として、私たちは、①自閉症の発病を防止し、②コンピュータゲームや、インターネット上のチャット、麻酔剤への依存症を早期に防止し、③鬱を防止することを挙げることができます。生徒たちの健康なパーソナリティを獲得するための教育的努力と競合する最も深刻な挑戦は、携帯電話、携帯メールやインターネット中毒です。生徒たちの注意、心の力や感情を急速に捉えるこうした新しい手法は、非常に強力で魅力的です。こうした事態が、語源意味分析法を、心理学、言語学、人類学、神経生理学やその他の応用科学に基づいて、できるだけ早く改善するよう促しているのです。

ここで、私たちの学校の独自性を代表する、九レベルの文字評価について、説明しましょう。ロシアでは、標準的な2、3、4、5という数字の評価が、知識の授業や操作技能の授業の間に、教師によって一人ひとりの生徒に与えられます。たとえば、英語の授業での3という評点は、生徒が満足な技能を持っていることと、行われた授業でできた新しい単語と構文の四〇％から五〇％を覚えていることを意味しています。

人道主義的学校では、同じ授業評価点が3ｂ、３ｃ、３ｄ、あるいはおそらく3ｆなどでありえます。後ろの文字は、標準的な知識や技能のレベルを示しているのではありません。そうではなくて、生徒の動機のレベルを示しているのです。３ｂは、服従や学習をしたがらない、３ｃは、教師に従順で、褒賞を目指して競争する、３ｄは、自立的に見えるが他者への配慮がない、３ｆは、自己改善や厳しい仕事のために戦うといった具合です。

すべての教師は、文字評価を使用できるように訓練を受けています。標準的な知識の数値評価には、必ず文字記号の評価をつけることが期待されています。この方法が、集団的な教育の中で個別的なアプローチの基本原則を活かす実際的な方策なのです。各教科ごとに追加の文字評価がなされ、それぞれの教科の月平均と年評価において追加の文字評価がなされます。これらの評価は、①個人の成長の一般的なレベルと傾向を示しています。これらの評価は、また、②個人的な興味や才能の方向性や将来なされそうな職業選択を示しています。

5　右脳優位に基づいた心的発達への配慮

語源アプローチを用いることによって、私たちは、左脳を発達させることができるのみならず、右脳を目覚めさせることができます。右脳の目覚めは、子どもたちをより創造的に、詩的にし、祖先とのつながりを密にします。

実験により、右脳が使えなくなった人々は、親密な親類の人の声や奥さんやご主人や子どもの写真がわからなくなることが、証明されています。これは、つながりの切断を示しています。不幸なことに、現代のコンピュータ化された抽象的な教育は、主に言語的合理的な左脳の発達に心を砕いています。こうした左脳的訓練の結果は、若者世代のますますの自動化、ロボット化です。

機械には、機械を支え、機械を非合理的にし、暖かく、思いやりがあり、愛情のこもったものにするような、語源的な先祖の起源はありません。このために、機械は、自然と闘うにはより効果的ですが、人類の新しい世代に対して命を吹き込む点では生産的といえないのです。

私たちの学校で、語源を用いた意味分析アプローチを使用しているのは、増大するロボット化に抗して、子どもの精神や心を守るためなのです。

左脳教育は、すべての征服者たちの「分割して統治せよ！」という古いスローガンに従っています。現代の「左脳的」教科書や、マニュアルや、コンピュータ・プログラムや、多肢選択テストが、生徒に与えられると、それらは、ゆったりとした古代的な右脳ではなくて、スピーディーで現代的な左脳に直接影響を与えるのです。

こうした「好意的な配慮と助力」が、すべての授業やコンピュータの授業の間に、なされたとき、生徒の右脳の部分と言語パーソナリティが徐々に劣化し、弱体化していきます。つまり、こうした左脳優位のスタイルの教育は、善意のつながりにとって必要な子どもの自由な感情や、直観や緊張を、妨害してしまうのです。

他方で、子どもの認知プロセスの自然なタイプは、右脳優位なのです。左脳の発達は知的発達にとっては大変重要なのですが、右脳によってバランスが取られないと、内的な全体性が破壊され、先祖とのつながりが切断されはじめるのです。

右脳は、ホリスティックであり、ランダムであり、具体的であり、直感的であり、非言語的であり、創造的なのです。右脳は、全体から部分を見、跳躍が可能であり、触れたり見たりできる実際の対象物に関わり、どうしてか理由はわからなくとも正しい解答を見出す力があり、イメージ的に考えることができ、規則や規定にしばられないで自由に創造性を発揮できるのです。

ヒューマニタリアン・スクールは、右脳と左脳のバランスの取れたホリスティックな教育を、語源分析法や、数字と文字を組み合わせた評価法によって、実現しようとしているのです。

（抄訳：今井　重孝）

COLUMN

シュタイナー学校とユネスコとの出会い

ジョン・F・ウィッソン
オーストラリア
マウントバーカー・ヴァルドルフ・スクール高等部主任

多様な教育活動の共有

　このように幅広くもオルタナティブな視点や教育の潮流を盛り込んだ、環太平洋国際会議運営を可能にするビジョンを、日本ホリスティック教育協会ならびに（財）ユネスコ・アジア文化センター（ACCU）が持ちえているということに対し、賞賛の念を感じざるを得ません。ルドルフ・シュタイナー教育分野を代表するものとして、このようなフォーラムに参加・発言し、多様な背景を持つ発表者と知恵を共有する機会に恵まれ、素晴しく思います。

　教育における議論の多くが、往々にしてアカデミックで実務的な領域の枠を超えることがあまりありません。オルタナティブな視点から教育をとらえなおすということが見落とされています。国際会議参加前、私はユネスコが世界の教育領域において担ってきた役割については知っていましたが、その連携機関であるACCUの活動についてはほとんど知りませんでした。私たちは皆、個々の教育的取り組みにおいて、あまりに多忙を極めるようになっており、時として、教育以外に世界で何が起こっているのか着目し、見極めていける時間がありません。こういった状況からしてもこの国際会議は、私にとっては、教育の根源にかかわるような深い課題に対峙してきた、非常に興味深い取り組みを、世界的なレベルで見ることのできる、とても有益な場でありました。

　また、国際会議の最大の焦点が、ESDへのホリスティック・アプローチであったということに、先見の明を感じました。日本ホリスティック教育協会がかかわったことで、ESDにおける「価値感」や「つながり」を、スピリチュアルな視点から真摯に考察することができ、会議の成果が深みのあるものとなりました。「価値観」については、国際会議の参加者が、非常に大切に思ってきたものでもありました。参加者それぞれの特異な文化や教育的文脈の中で、「価値観」を維持・保持し続けていく奮闘の様子を伝える発表は、示唆に富み、感動を与えるものでした。

未来へ続く
ESDのホリスティック・アプローチ

国際会議を通じて、明らかになったことがあります。それは、先人（先祖）の知恵を認識することの重要性と、世界が邁進している、非常に物質的で非人間的な潮流と拮抗するような新たな動力のもとになる価値感を、近代的な教育理論に新しく取り入れる（取り戻す）必要性でした。

ESDは、環境を大切にすること、私たちの地球を保護することだけを目的にしているのではありません。ESDは、何よりも、他者との新しいかかわり方、そして共に取り組むための新しい方法についての教育なのだと理解しています。私たちが、先祖の代に持ちあわせていたような知恵の多くは、時間の経過とともに失われたり、見捨てられたりしているだけでなく、もはや現代社会の要求《ニーズ》にそぐわないものと見なされるようにさえなりました。

私がかかわるシュタイナー教育の分野では、健康に子どもが成長することが、教育の最も重要な目的であると考えられています。「健康」という言葉には、自由な思考をもつ倫理的な大人への成長、自分の人生の目的と方向付けのできる大人への成長、世界に対して何か貢献することができる大人への成長という意味がこめられています。

利他主義という目標の実現には、困難が伴います。国際会議を通して、同様の目標を目指し、厳しい道程を歩いてきた他の教育者たちと出会い、共に議論をしたことは名誉あることであり、たくさんの気づきにあふれた経験でした。

国際会議案内文に、「ユネスコのイニシアチブとホリスティック教育の理論と実践を結ぶ架け橋の強化」、「ホリスティックな視点からのESDを進める実践者間のネットワークの構築」という会議の目的が書かれていました。私は、国際会議で、これらの目的は、達成されたと確信しています。ユネスコからの大きな支援を得て、今後何年かをかけながら、ホリスティックな視点からのESDの深化に向けてたどっていけるような道を確立することができました。そして、個々の取り組みの中で、この目的を実現したいと望む人びとのネットワークを確立することができました。

最後に、国際会議を実りあるものにするべく尽力されたユネスコと、あらゆる関係者のみなさんに、感謝の意を表したいと思います。私は、ホリスティック教育とESDという分野において、非常に重要な第一歩を踏み出したのだと感じております。この一歩は、未来に向けて続いていく何かであると願いつつ、この重要な分野における将来の発展を、心から待ち望んでいます。

（訳：野口　扶弥子）

6 マオリ文化の叡智に学ぶ
そのシュタイナー教育との接点

ヘザー・D・ペリ
ニュージーランド
ティティランギ・ルドルフ・シュタイナースクール教員

ヘザー・ペリさんと初めてお会いしたのは一〇年ほど前のこと、ヘザーさんのお嬢さんと私の次女がシュタイナー学校で同級生になったのがきっかけでした。ヘザーさんはひとりで数人の子どもたちを車に乗せてビーチや雪山に連れて行ってくれるような大変エネルギッシュで頼もしいお母さんでした。

ヘザーさんはパケハ（白人）でありながら、マオリのコミュニティーのマラエ（集会所）の再建に尽力し、マオリの幼稚園、小学校の設立にも貢献されたパイオニアです。現在はオークランド郊外のティティランギという美しい自然の中のシュタイナー学校でクラス担任とマオリ語の先生をしていらっしゃいますが、行動派のペリ先生のメリハリに富んだ授業は大人気とのことです。

マオリ文化とシュタイナー哲学の叡智を織り交ぜた教育を目指しておられるヘザーさんですが、彼女のマオリ語での祈りと憂いに満ちた歌声は聴く人の心に奥深く響き、言葉を超えた共感を湧き起こしてくれます。

（天野　郷子）

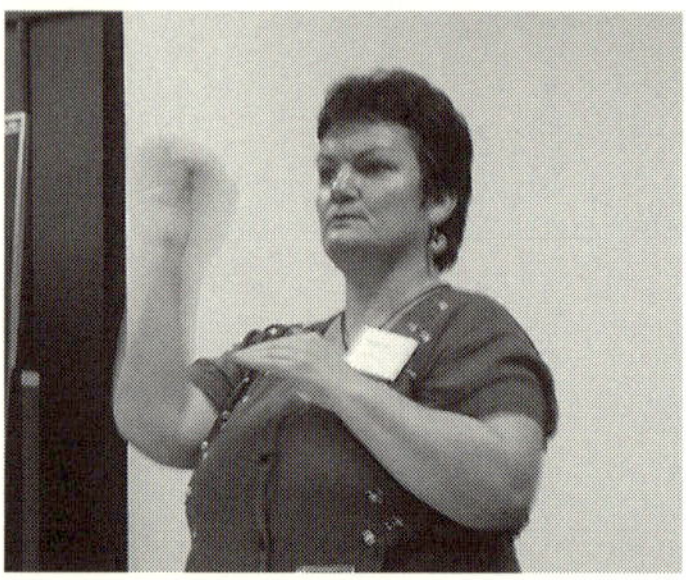

アオテアロア（ニュージーランド）におけるマオリ族にとっての教育とは、元来自然に密着した家族生活の中で智恵や生きる術を子どもたちに語り伝えていくことでした。ところが、一九世紀初頭のヨーロッパ人の到来と共にキリスト教宣教師による布教および識字教育を目的とした学校という新しい形態が導入され、義務教育制度が確立されていきました。当初は激しく抵抗していたマオリ人も徐々に子どもたちに義務教育を受けさせるようになりましたが、学校ではマオリ語の使用が禁じられパケハ（白人）の文化および価値の強要が行われました。そして、その後約百年間にわたりマオリ族の文化とスピリチュアリティの伝統は抑圧されました。

一九七〇年代の教育改革においてようやくマオリ文化のカリキュラム導入の重要性が吟味されました。一九一三年にはマオリ人の子どものほぼ全員がマオリ語を話すことができたのに一九七五年にはその数がマオリ人全体の五％に減少していたのです。そこで、マオリ語絶滅を防ぐための対応策としてコハンガレオ（マオリ語のみによる幼稚園）とテ・アタアランギ（マオリ語のイマージョンプログラム）が設立されました。その後幼稚園に続く小学校（クラ・カウパパ・マオリ）も各地で開校され、一九八七年にはマオリ語が公用語として認可されるに至りました。このようなマオリ文化の再活性化運動はマオリ語の復活のみならずマオリ人の権威、尊厳およびスピリチュアルな意識を復興させせました。

現在はマオリ人の約二四％がマオリ語で日常会話ができるとされ、その数は年々増えています。マオリ語委員会による戦略的長期計画はもとよりマオリ語のラジオ、テレビ局の開局などもマオリ語復活に大きな役割をはたしています。

このような状況の中で現在マオリ人以外でマオリ語を流暢に話すことのできるニュージーランド人は約三万人に及ぶとされていますが、私もそのひとりです。ヨーロッパ系のニュージーランド人である私たちがマオリ文化と関わりを持つようになるいきさつはさまざまですが、そこにはどんな魅力があるのでしょうか。また、現在シュタイナー教育に従事している私にとってのマオリ文化とシュタイナー哲学の接点は何なのか。そのあたりに持続可能な社会への糸口が見つけられるのではと思います。

マオリ文化に惹かれて

今から二〇年以上前のことになりますが、私はオーストラリアそしてヨーロッパへと異文化体験を求めて旅に出ました。二年間の外国生活を終え帰国した私は自分がニュージーランド人でありながらマオリ語はもとよりマオリ文化についても何ひとつ知らないという事実に深い思いを寄せていました。

ちょうどその頃、私の婚約者の生まれ故郷においてマオリ式のタンギ（葬儀）に参列する機会がありました。マオリの習慣では長年都市に住んでいた人々も亡くなるとみな故郷のマラエ（集会所）に運ばれ先祖代々の墓地に埋葬されます。次々と亡くなった老世代の人々のタンギに集まった親族は荒れはてていたマラエの再建を決意し、私もこの事業に関わることになりました。資金集めからすべての施設の修復、再築までが週末のボランティアによって行われたこの事業は、完成まで計一〇年という期を要したのですが、このプロジェクトは大切な集会所の再建というだけではなく、分散化していた家族の絆を強めるという意味合いもありました。

昼間汗を流して働いた親族が晩は集会所に集まり、長老たちの話を夜通し聞きます。英国系の移民として育った私にはマラエでの率直な意見の交換はとても新鮮でした。時間制限のない議論が長々と夜更けまで続き、その場は情熱と笑いに包まれていました。また、彼らの非常にオープンな感情表現も私には初めての体験でした。悲しいときには思い切り声をあげて泣き、喜びも怒りも抑えずに表現する……。そんなマオリ人たちは白人である私を家族の一員として暖かく受け入れ包み込んでくれました。私はやがてマオリ語を習い始め、後には三人の子どもたちをコハンガレオに入れ、私自身も幼稚園、学校の運営に深く関わっていきました。

マオリの叡智

私が大好きだったのは長老たちが歌や物語を通して語ってくれるファカパパ（家族の系譜）でした。歌や詩が好きだった私にはこのような形で伝えられたマオリ文化の霊的な根源が、自分自身の信念に強く共鳴するのを感じました。マオリ文化における人間とは、スピリチュアルな存在であり、宇宙の精神世界からのタネが神聖さ、神の威信、直観的知性、感情、魂、頭脳および創造性を備えて体現したものとされます。そして、このタネはホリスティックにはぐくまれることで各自の持つ個性と可能性を十分に発揮できる存在として育ちます。やがて、死を迎えた内なる魂は肉体を離れ天に戻ります。

マオリ人のあり方で最も注目されるのは、すべてを包みこもうとする姿勢です。親や近親者が一緒に参加する幼稚園の生活をはじめ、政治議論、葬儀、文化活動への参加などすべてにおいて親族一同が一体となって取り組みます。子どもはこうした家族ぐるみのコミュニティでの活動を通して意志を強め、奉仕精神に目覚めていきます。また、自然の中での想像力に富んだ遊びは子どもに感謝の念、いのちの奇跡、大地と宇宙のつながりなどを学ぶ機会を提供します。このような環境の中で子どもたちは大人を模倣しながら、愛、スピリチュアルなつながり、動静物の生命原理、神の威信、習慣や規制といった人的側面を学んでいくのです。

謙虚な姿勢で伝授される言語と文化は子どもたちの魂に暖かい火を灯します。人類の進化を反映した物語を聞いた子どもは、自分のルーツへの誇りを認識すると同時にすべての人類との相互依存関係を体得します。また、善と真実で克服する苦闘の物語は美しい自然と人間への慈しみを湧き起こし、この気持ちがいずれ人類と地球を守る責任感へと移行していきます。

このような先祖伝来の叡智が日常生活の中で生かされるためには、大人自身のあり方が子どもの模倣に値するものでなければなりません。物質主義に押し流されない、勇敢で自由な発想の持ち主を育成するために、私たち教育者は自分自身の精神性の鍛錬の道を歩み続けることが求められます。

現代社会におけるディレンマ

長年にわたりマオリの幼稚園、小学校の設立、運営に関わりましたが、そこにはマオリ文化のスピリチュアルな叡智があるのにもかかわらず、カリキュラムそのものは教育省で決められた指導要綱に従わなければならないという実情がありました。アロハ（愛）につつまれた子どもたちではあるのに何かが欠けている……。私にはマオリの子どもたちへの教育が能力重視になってきており、自然への畏敬や威信、子どもたちの魂といった最も大事なことが忘れ去られていくように思えました。

ある時私は問題行動のあるマオリの子どもたちのサポートを頼まれました。破壊的な行動をとる子どもたちを見ると彼らの魂が破壊されつつあるのを感じます。しかし、公立のカリキュラムでは魂の存在そのものを認めないため、彼らの魂に言及することができず、子どもたちに知識の源はスピリチュアルなものであるのだという畏敬の念を感じさせることができません。この子たちに対する根本的な教育方法が変わらなければ、付け焼刃的な対応は効果がないものと感じました。

また、マラエにおけるさまざまな慣習において従来は大人の役割であることを子どもが代行するという状況が見られました。数の足りない大人の役を年端のいかない子どもが担うのです。これでは子どもが子どものままでいる権利を奪ってしまうのではないか……。その上、模範となるべき大人たちの暴力や飲酒、薬物乱用などの問題は子どもたちに大きな影響を与えていました。

先祖伝来の叡智と哲学は単なる知識としてではなく日常の実体験を通して伝授されなければなりません。子どもが心身ともに健やかに成長するためには、大人である私たちが子どもの神性を魂の奥底で感じとり、愛と思いやりで導き援助する責任があります。さまざまなディレンマを抱えたコミュニティーの中で一体どのようにすればそれを実現できるのでしょうか。

シュタイナー教育との接点

そんな私の問いに応えてくれたのがシュタイナー教育でした。シュタイナー哲学とマオリの智恵にはさまざまな共通性があります。シュタイナー教育も子どもの神性を認識し、全人的（霊的、精神的、感情的および肉体的）な教育を試みます。人智学(1)では魂が肉体と生命を担った存在に「受肉」するとされますが、これはマオリのタネの考え方と共通しています。また、自然への畏敬の念を重視し、子どもが大人を模倣することにより学ぶという点も同様です。そして、シュタイナー教育には長年培われてきた独自のカリキュラムと教授法があるのです。

調和のとれた社会の実現のためには、さまざまなモデルの優れた面を学び、バランスをとりつつ統合していく作業が必要です。シュタイナー教育は子どもの個性を生かし、自由で独自の発想の持ち主を育成するのに対して、マオリ文化では民族、家族間の責任が強調され、コミュニティーの相互依存関係の中での子どもの成長を重視します。双方が互いに補い、学び合うことにより、人類に癒しをもたらす教育が可能となるでしょう。

一年前にタウランガ市にあるシュタイナー学校と地元の小学校（クラ・カウパパ・マオリ）が協定を結び、英語とマオリ語の教員交換が始まりました。規律による統制を図ってきたクラの教師がシュタイナー学校の子どもの内にはぐくむ静穏な心と出会い、シュタイナー教師がマオリのコミュニティーでの切迫した社会問題を目の当たりにする……。子どもの魂への語りかけという共通の願いを持った教師、親、そしてコミュニティー同士のこうしたつながりは持続可能な未来への一歩となることでしょう。

固有の伝承文化を尊重しつつも、それを人類の健やかな発展のために共有できる智恵に変容させていく――このような創造的で開いた姿勢こそが現代のグローバルな社会において求められるあり方と言えるのではないでしょうか。

（抄訳：天野　郷子）

註

（1）シュタイナー学校の創立者ルドルフ・シュタイナー（一八六一－一九二五）によって提唱された思想で、その実践法も含めた世界観をAnthroposophie（アントロポゾフィー）と言う。人間は肉体、心、精神（霊・魂）を備えた存在であり、宇宙の摂理のなかで輪廻転生を繰り返し、より高次な存在（自己の可能性を最大限に発揮できるありかた）へと進化していくものとされる。シュタイナーは教育、芸術、医学、農業、建築、自然科学など多岐の分野にわたり人智学に基づく思想を展開し、活動を行った。

訳者　あまの　さとこ
一九五七年東京生まれ。早稲田大学文学部文芸科卒。オークランド大学アジア研究学部教員。専門は日本語教育。最近の研究テーマは外国語学習による気づき、自己発見、自己表現、ホリスティックな教師のありかたなど。

7　ブータンの国民総幸福（GNH）

経済成長と開発を問い直す

カルマ・ジュルミ
ブータン
教育省生涯高等教育課ノンフォーマル教育局専門官

国際シンポジウムの会場に入ってくる海外ゲストの中で、唯一民族衣装を着ておられたのが、ジュルミさんでした。ブータンの民族衣装「ゴ（Gho）」は、日本のどてらを思い起こさせるようなものです。シンポジウムは七月末から八月初めに行われたので、非常に蒸し暑かったに違いありません。しかし、彼の衣装は、淡い水色と白の縞模様で、涼しげな印象を与えていました。

そして、私がジュルミさんに感じたものは、物静かで大きな愛情に満たされた、ゆとりのある雰囲気、でも、内に秘めた力強さでした。相手の話を真剣に聴いている姿や、急がず、ゆったりと歩かれる姿にも、彼の「ゆとりのある大きさ」を感じました。それは、「安定した安心感・幸福感や、内なる情熱、そして相手を大らかに包み込む受容性」などと表現できるかもしれません。

そのようなジュルミさんは、まさしく「GNH」を表すのにふさわしい方であったように思います。国際シンポジウムで、ジュルミさんがスクリーンに映されたブータンの緑豊かな大自然をみて、これが、ジュルミさんが醸し出す「大きさ」の源なんだと納得しました。

（曽我　幸代）

はじめに

ブータンの開発・発展の哲学である国民総幸福（ＧＮＨ：Gross National Happiness）は、一九七二年、国王ジグメ・シンゲ・ワンチュクが即位するとすぐに、宣言されました。数十年以上も続く多くの会議や話し合いによって、この概念が、実践と並行して練り直されてきました。国王は、何年も前に、幸福が究極の共通目的であり、その他のものは、すべての人間が抱く「幸せになりたい」という願いを満たすための手段や道具であると気づいていました。ＧＮＨは、次のような理由から、開発過程において一つの目標となることができます。第一に、ＧＮＨは、人間のホリスティックなニーズ、すなわち、身体的・精神的幸福を表します。第二に、ＧＮＨは、外部環境によって幸福の内的スキルを補い、内外の両方の源が、幸福のために調和されます。第三に、ＧＮＨは幸福が社会の目標として実現されることを認めています。第四に、ＧＮＨによって示唆されることは、ＧＮＨが個人の感情を直接に反映する性質なので、ＧＮＨに基づく公共政策では通常の経済施策よりも独断的になる危険性が少なくなり得るということです。[1]

一般に、途上国と先進国は、はっきりとした開発目的として、幸福が含まれず、また、発展に関する現代の尺度には、主要な項目として幸福が明記されていません。すなわち、幸福は、社会経済政策の二次的な結果とみなされています。そのような「幸福」へのメディアと学問の興味・関心は、ここ数十年間で持続的に増加しています。

一つ目の関心は、多く調査国には、特に非常に裕福な国々には、ＧＤＰで測れたような大きな富がありますが、幸福がないということです。二つ目の関心は、もし市場優先の幸福が可能であるならどうなのか、ということです。市場は効率と生産性を操作していますが、そのような価値観は幸福を導く要素を台無しにしようとしています。例えば、労働は効率や生産性にとっては必要ですが、私たちに充足感をもたらす余暇や社会生活とのバランスは保ちにくいでしょう。三つ目の関心は、人々の関わり合いとは反対に、離れて暮らすことです。私たちは、不幸の要因とされる離婚、単親、単親の子育てが高い割合を占める世の中にいることを意識づけていかなければなりません。単親による子育ての増加とともに、単身者の高齢化も見込まれます。最後は、精神病やアルコール中毒、自殺の割合の上昇についてです。これは、多くの人々の生活において幸福への希望が失われた兆候です。

このような一般的な関心を背景に、ブータンの私たちは、国内からの社会文化的な衝動と国外からの情報に基づいて、新しい開発を行っています。

ブータンでの政策：ＧＮＨの四本柱

ＧＮＨは、とても広い概念ですが、ブータンでは象徴的な四本柱で表され、その四つの優先領域がＧＮＨに向けて規範的に定められています。

確かなことは、共通の幸福に対して責任を持ち、ＧＮＨが公共政策のほとんどの厳しい基準を担っているということです。そして、幸福に対する障害を取り除き、社会的・経済的な変革をおこすプログラムとしてのＧＮＨでは、公共政策がもつ本質に焦点が当てられなければなりません。もし幸福がＧＮＨを進める重要な価値観であるなら、組織の構造と社会の進展は、この価値を反映しなければなりません。

ブータンでは、ＧＮＨのための環境作りが、ＧＮＨの四領域で一連の政策を通して始められています。その四つとは、

(1)　経済成長と開発
(2)　豊かな自然環境の保全と持続可能な利用
(3)　文化遺産の保護と伝統文化の継承・振興
(4)　よき統治

です。これらはＧＮＨにとって可能な環境作りのために結集した重要な領域を含んでいます。四本柱は、政策、環境、文化、そして経済が異なる領域にあるのではなく、現実の中に織り合わされているというホリスティックな開発のあり方を強調しています。

(1)　経済成長と開発

物質的な開発の必要性は、世界が直面している経済不況から考えても明らかです。また、精神開発の必要性も、裕福な先進国に見られる不安や危険、ストレス、痛みという人々の精神面の崩れからも明らかです。開発の経済面は、雇用と生活の安定のためにも、経済成長が強調されます。幸福を最大にするよりも、不幸を自覚し軽減することの方が簡単です。経済成長は貧困を解決するために極めて重要です。しかし、経済成長の陰に追いやられたＧＮＨには経済成長とは異なる三点があります。

第一に、ＧＮＨ経済では、経済活動の実態とその手段が重要です。ＧＰＩ[2]が示すように、ＧＮＨ経済は経済の大きさと成長段階を進めるためのさまざまな経済活動とは質的に区別できるでしょう。第二に、ＧＮＨ経済の測定は、必然的にＧＤＰの測定とは異なっていなければなりません。なぜなら、ＧＮＨの測定では、幸福の要因となる家族、自由な時間、余暇と、家庭の社会的経済的サービスを価値付けなければならないからです。また、測定は消費に偏ってはいけません。第三に、ＧＮＨ経済はより真剣に、所得の社会的再分配による幸福の社会的再分配に専念しなければなりません。再分配自体は倫理的なものですが、不平等は、人々が自滅的で不道徳な悪循環の中にあることを表します。私たちに満足感を引き出させる自らの直観と選択にゆがみが生じているため、ＧＮＨ経済における再教育が必要とされます。

(2) 豊かな自然環境の保全と持続可能な利用

環境と生物多様性は、幸福と強くは相互に関係しないという幸福に関する調査があるが、これは、環境の多様性に対しての幸福度を誰も測っていないためと考えられます。私たちの健康と美的感覚が、私たちの周りの環境の質に依存して与えられているにもかかわらず、誰も、日常生活やこれからの幸せにおいて、環境の価値について議論していません。ブータンの大多数に見られる農家では、自然に近いだけではなく、自然の中で生活しているので、人々の生活は人々のすぐ手の届く豊かな自然環境に依存しています。その環境は、人が汗をかきながら栽培した、豊かで、健康によい自然の食物や果物、薬を人々に与えます。このように、幸福と自然環境との間には論証できる関係があることを私は主張します。定期的に良質の自然環境に近づける関係はとても大切です。もし、自然環境が近くにあるのに、その自然環境と接していない生活をしている人がいるなら、人と自然の密接な関係は進められないでしょう。自然環境から離れている人間は、結果として幸福がより制限されてしまうでしょう。

ブータンは緑化と生物の多様性の保護政策を始めた結果、これまで以上に緑豊かになり、国土の二六％が自然保存地区、七二％が森林保護区となりました。ある人はブータンを、地球という巨大な、病んでいる体の針治療のつぼと呼びました。それは、何百万の生き物が住むヒマラヤとブータンで起きている環境破壊による想像を絶するような結末への適切な隠喩でした。

(3) 文化遺産の保護と伝統文化の継承・振興

自由選択は文化的自由と同等視され、人権と人間開発にとって要となっています。選択するすべての環境があるべき一方で、私たちは、個人が自発的に自らのアイデンティティを変える状況と、根深く浸透する権力によって力のない個人が変えさせられる状況とを区別すべきです。このことは、国境が広く開かれているときに強力な外部の文化に巻き込まれたブータンの文化のように、非常に不均衡な状況に顕著です。したがって、土着文化の振興が必要です。豊かな文化遺産自体が、私たちに人生設計を選ぶ選択肢と選択権を提供します。ですから、文化的な豊かさを保護し、市民のための幸福と選択権が制限されないようにする必要があります。

しかし、集団を基礎とした権利である文化的な権利と人権を調和させることにも難しさがあることは明らかです。指摘されているように、集団を基盤とする権利は、自律した選択者としての個人の概念に合いません。しかし、文化のような社会集団的特徴について、私たちが言えることは、個々の選択は幸福と健康追求のための手段であり、健康と幸福はすべての人々に求められる目的であるということです。

(4)　よき統治

社会全体で共有する幸福のような公共善を確保するには、幸福を目指した統治が実現れるか否かによります。論理的に考えて、もし政府が究極の民主的要求や人々の意見に反映されるなら、そしてそれらが幸福であるなら、統治の本質的なあり方もまた、幸福に沿ったものであるべきです。しかし、私たちは、理論的にも実践的にも、現代の政府の組織構造でGNHを樹立するのは難しいことを認めなければなりません。そして、その中で極めて確立しているのは、自由民主主義体制です。これまで、ブータンでは、国王が集約するような進歩的な指導者の奨励に価値を置いていましたが、国王が、近年自由民主主義組織を選択するブータン王国の憲法草案を公布し、公共善とよき統治を獲得する最善の道として、自由民主主義体制を採用しました。

しかし自由民主主義体制も、よい面ばかりではありません。人間が達しようとした自由と平等のような民主主義的価値観が、まだ不均衡であるように思われます。すべての人間の組織は当事者間の関係で成り立ちます。私たちは常に、共有した状況、または「関係するつながり」を改善することが可能です。民主主義国家でさえも、注意を要すると思われるのは、権力をもった組織を動かすような刺激的な価値観に関する問題でしょう。ブータンでは、国家的であろうと、国際的であろうと、統治がもたらした状態や組織を動かすような価値観や態度が、万物のための幸福追求に連関し協力的であるか否かが常に問われています。

さらに、私たちは、今までよりも国家統治と国際関係の間に相互関係がある段階にいます。私たちは、国際関係とグローバル組織の目的とあるべき姿に応じた修正を探求する必要があります。ＧＮＨは、開発へのバランスの取れたホリスティックなアプローチです。それは、本来人が必ず幸福を探す、そしてすべての市民の純粋な願いである、というこれらの強い思いに根ざしています。

（抄訳：曽我　幸代）

註

（1）ブータンにおけるＧＮＨの伝統的政策に向けての社会文化傾向は、仏教文化に傾倒しています。『感性の幸福と仏陀の教えは互いに依存している』という一六七五年の宣言や、感性の幸福を促進している一七二九年の法典があるように、仏陀の精神科学と呼ぶものは、感情を司っています。

（2）Refining Progress（「進歩を再定義する」）という団体が、ＧＤＰ指標は地球や人々のためにならないとして、ＧＰＩ（Genuine Progress Indicator：真の進歩指標）という指標を開発し、取り組みを始めました。ＧＰＩでは、ＧＤＰには組み込まれなかった家庭やボランティア活動などの幸せをつくり出している活動の経済的貢献をプラスとし、反対に犯罪、公害、家庭崩壊などの不幸や退行している活動をマイナスとして、計算されています。（参照：日経エコロミー　Ecolomy／環境＋経済＋私 http://eco.nikkei.co.jp/column/article.aspx?id=20070911c3000c3）

訳者　そが　さちよ
聖心女子大学大学院文学研究科人間科学（教育学）専攻博士前期課程修了、現在聖心女子大学大学院に研究生として在籍。フィリピンの貧しい子どもたちへの教育支援を行うＮＧＯ ＫＡＰＡＴＩＤ（カパティ）に所属し、日本国内での大学生の活動の促進と、フィリピンへの体験学習ツアーの宣伝に従事する。

8　日本発のホリスティック教育「学校の森」

ESDへの新しいアプローチ

今井　重孝

いまい　しげたか
日本ホリスティック教育協会運営委員。青山学院大学文学部教員。ドイツの教育制度の研究から出発し、ニクラス・ルーマンのシステム論の研究を経て、現在ルドルフ・シュタイナーとホリスティック教育をつなげる仕事に関心を持っている。

はじめに

周知のように、ＥＳＤ（持続可能な開発のための教育）を国連の一〇年とするとの提案は、日本のＮＧＯの協力を得た日本政府が、二〇〇二年のヨハネスブルグ・サミットにおいて提唱し、二〇〇二年末の国連総会において四六ヵ国によって共同提案され決議されたものです（二〇〇五年から二〇一四年までの一〇年間）。こうした経緯もあり、日本の関係省庁連絡会議において、『わが国における「国連持続可能な開発のための一〇年」実施計画』が二〇〇六年三月三〇日に出されました。この文書の中に書かれているＥＳＤの原則を私なりに整理しますと、次の三つの原則から構成されていると見ることができます。

(1)「将来の世代に負担を先送りしない」原則

(2)「自然の保全・経済の開発・（文化を含んだ）社会の発展の調和」の原則

(3)　「地域に根ざした活動重視」の原則

言うまでもなくホリスティック教育を構成する三原則は、「包括性、全体性」「つながり」「バランス」ですが、ESDの三原則である、将来の世代の原則は「つながり」の原則に対応しますし、自然・経済・（文化）社会の調和の原則は、「バランス」の原則に対応しますし、地域性の原則は、自然・経済・（文化）社会の「全体性・包括性」を地域において保障することを示唆しています。まさに、ESDはホリスティック教育の代表的な取り組みなのです。そう考えれば、ESDが日本発のホリスティック教育として有名な「学校の森」実践と共通点があるのは、当然のことでしょう。

「学校の森」は、ESDの主張する将来の世代の原則に関して、「森は世代を超え世代をつなぐ」という意味で、将来の世代に優れた遺産を伝達する役割があります。また、「森」は自然の0保全につながるのみならず、木を用いた地域文化の発展や、上勝町の株式会社いろどり（彩）[1]が行っているように緑や葉や実などを生かした経済活動にもつながる可能性があります。そして、「学校の森」はまさに地域の人々の協力によって実現、維持されるわけですから、まさしく地域に根ざした活動なのです。韓国で大々的に採用され、世界からも注目されている「学校の森」の実践は、まさに日本発のESD、ホリスティック教育実践として、注目すべき実践なのです。

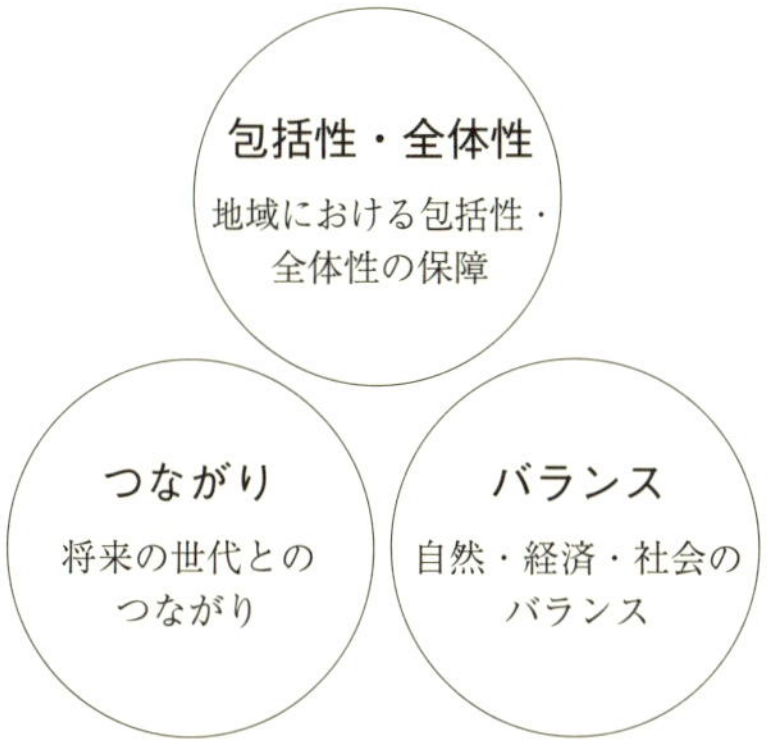

ホリスティック教育の三原則とESDの原則の対応

1　学校の森と日本の伝統

アメリカを中心とするグローバリズムが世界を席巻する中にあって、文化の多様性、社会の多様性は危機にさらされています。経済開発において内発的発展が重要視されているように、それぞれの地域の気候や風土、文化、伝統にふさわしい教育実践が立ち上がることが期待されます。

そのためには、まず、日本の地域的文化的伝統的文脈の中に、「学校の森」をしっかりと位置づけておく必要があります。

日本は、言うまでもなく、国土の三分の二が森林です。二〇〇五年に「学校の森」実践に、第三九回吉川英治文化賞[2]が贈呈された理由のひとつは、日本の伝統から生み出された優れた教育実践である、ということでした。「学校の森」は、宮脇昭さん[3]の提唱する潜在自然植生の考え方つまり、もともとその地域にはえている木を植えるという考え方に依拠して作られています。近年においては、「縄文の森」の復権がいわれ、「鎮守の森」の植生が注目されていますが、これらの動きは、いずれも日本の伝統的な森を復活しようとする流れであり、この流れの中に「学校の森」は位置づけられるわけです。

「鎮守の森」は、聖なる地であるだけに、自然植生が維持されてきました。しかし、明治維新以後、神社合祀令により、「鎮守の森」が危機にさらされたことがありました。その時、日本が世界に誇れる知識人である南方熊楠は敢然と立ち上がり、神社合祀令は、敬神を損ない、和合を損ない、地域を衰弱させ、慰安を奪い、愛国心を損ない、景観を損ない、史蹟を消滅させ、天然記念物を滅亡させる、として、反対の論陣を張り、この動きにブレーキがかかったのでした。鎮守の森は、地域の中心として多くの優れた役割をはたしており、日本の宝ともいうべき財産なのです。

まさに、神社は、日本の地域の中心でした。明治維新以後、近代学校が、新しい地域の期待を担って登場してきます。地域の人々が、近代化を推進する梃子として学校の建設に情熱を傾けたのです。明治初年の頃の文書を見ますと、学校は単に勉学の場であるのみならず、集会所としての役割や、役所の出店の役割も期待されていたことがわかります。

一九六〇年代頃までは、日本の地域社会の教育力はまだ残っていましたが、その後の地域の解体の進展により、神社は、子どもたちの遊び場ではなくなり、学校が、ますます、子どもたちの生活の中心となっていきました。神社は、かつての求心力を失い、近代学校が、中心的な役割をはたすようになったのです。ところが、その学校も最近の新自由主義の影響で、学校選択性が導入され地域の中心としての機能が弱体化する危険性が垣間見られます。こうした現代的状況の中で、学校において地域の人々の協力により潜在植生の森をつくるということは、地域の中心としての吸引力を持っていた神社の役割を学校がはたすことにより、新しい地域づくりを展開することを意味しているわけです。地域のみんなで子育てをするという伝統的な日本の教育のよさを復活させ、地域の助け合い協力し合う人間関係を再生させる試みとして、地域の協力のもとに伝統的な森を近代的な学校の校庭に作るということは、近代と伝統を総合するまことに象徴的な営みといえるでしょう。

2　学校の森と山古志とＥＳＤ

「学校の森」創始者の山之内義一郎さんが[4]、新潟の長岡市の「川崎小学校」で「学校の森」のインスピレーションを受けたのには、それにいたるまでの山古志村の虫亀小学校での実践がありました。そこでの気づきの核心は、山古志村の人々を支えている文化、伝統、生活すべてが教材である、というひらめきでした。この気づきに支えられて、スキー場の建設、昔話しの授業、錦鯉の育成、そば作りなどの実践が次々と生み出されていきました。この地域の実情に応じるという姿勢、目の前の子どもの実情に応じるという姿勢が、「学校の森」を生み出したのでした。

「学校の森」実践は、学校が近代化の中核を担っている国々にとって、その地域の潜在自然植生を利用することにより、その地域にふさわしい森作りをすることを可能とします。その意味で、「森作り」自体に汎用性があります。しかしながら、さらに大切なことは、森をどのように利用するかというソフトのほうです。これはまたそれぞれの地域の特性に応じてさまざまに工夫される必要があるでしょう。池を作るなどの選択肢も入ってくることでしょう。その上に大切なことは、「森作り」だけではなく、ほかにも常に、その地域の状況、文化、生活に応じた教育のあり方を探求し続けその地域にもっともふさわしい教育のあり方の追求、教材の開発を行うことなのです。そして、そのためには、地域の人々の生活との連携が不可欠なのです。学校が地域の中心となり、地域の交流の場、活性化の場になることが大切なのです。その結果として、ＥＳＤの求める、自然と経済と（文化）社会の調和が、地域を大切にする意識が、自然保護の意識が、内発的発展の経済への気づきが、伝統的文化への自信が、生まれることでしょう。

山古志は、不幸なことに、その後震災に見舞われ大きな打撃を受けました。この山古志を訪問し、長岡の川崎の森を訪問した海外および国内のゲストは、一様に、「学校の森」実践の持つ深いスピリチュアルな意味に気づいたようでした。山古志には、自分たちの力だけでトンネル中山隧道(5)を作り上げた地域の人々の力強い伝統があり、山之内実践による地域と学校のつながりがあり、激しい震災にもめげず苦難を新しい地域づくりへと転換するエネルギーがあります。

山古志が、地域からの復興による村おこしを展開し、ＥＳＤを村の学校を中心として地域ぐるみで展開していくことにより、「つながり」を大切にする個人の形成と、経済の内発的発展と、公正な協力し合う友愛の社会の確立がなされていくことでしょう。

註

（1）株式会社いろどり　徳島県勝浦郡上勝町で平成一一年に設立された会社。地域でとれる木の葉を飾りとして加工し、都会の料亭などに出荷する仕事を成功させ、地域の活性化、地域おこしの事例として、全国から注目されている。

（2）吉川英治文化賞　講談社の文化事業として、吉川英治文学賞と並んで昭和四二年から始まった。文化賞は、日本文化の向上につくし、讃えられるべき業績をあげながらも、報われることの少ない人、あるいは団体に贈呈される栄誉ある賞。宮城まり子さんも以前受賞している。

（3）宮脇昭　一九二八年岡山県生まれの植物生態学者。横浜国立大学名誉教授。現在財団法人地球環境戦略研究機関国際生態学センター所長。植樹は、その地域に自然に生えている潜在自然植生に従ってなられるべきであるという理論に従って、植樹活動を進め、日本のみならず中国などでも植樹の指導をしている人物。著書に『木を植えよ！』（新潮社）『鎮守の森』（新潮社）など多数。

（4）山之内義一郎　一九三〇年新潟県生まれ。七四年新潟県山古志村立虫亀小学校校長就任以来、五市町村の小学校校長を歴任。その間総合活動を中核にした学校経営を推進。八六年からの「学校の森」実践は、日本のみならず韓国など外国からも注目され、拡大しつつある。日本ホリスティック教育協会顧問。ＮＰＯ法人「学校の森」理事長。

（5）中山隧道　長岡市と魚沼市を結ぶトンネル。全長約九〇〇メートル。住民たちが、自分たちの力だけで一六年かけて完成させた手掘りのトンネルで、昭和二四年に完成した。地元の必要性に基づいて住民の力で完成された点で、地域からの内発的発展の可能性を象徴するトンネル。

参考文献

今井重孝（二〇〇三）「新しい教育開発の可能性」江原裕美『内発的発展と教育／人間主体の社会変革とＮＧＯの地平』新評論
今井重孝・佐川通編（二〇〇七）『学校に森をつくろう／子どもと地域と地球をつなぐホリスティック教育』せせらぎ出版
手塚郁恵（一九九一）『森と牧場のある学校／山之内義一郎先生の実践』春秋社
山之内義一郎（二〇〇一）『森をつくった校長』春秋社

9　山古志村と学校の森をたずねて

スタディービジットで学んだこと

野口　扶弥子

のぐち　ふみこ
NPO法人持続可能な開発のための教育の一〇年推進会議（ESD-J）事務局勤務。ほか、先住民族、女性、シュタイナー、農業の視点からEfS（持続可能性のための教育）活動も独自に続ける。日本ホリスティック教育協会会員／国際会議事務局。

環太平洋国際会議四日目の「学校の森」スタディービジットに、海外からの参加者全員と、日本からの会議参加者および教育関係者を含む合計三七名が参加しました。スタディービジットは、日本ホリスティック教育協会の運営委員であり、NPO法人学校の森副理事長の佐川通さんをはじめ、新潟の「学校の森」運動や、地域づくりで持続可能な開発のための教育（ESD）にかかわってきた当事者、関係者が立ち上げた、「学校の森」フォーラム実行委員（以下、実行委員）によって、企画・運営されました。

八月二日夜、「学校の森」フォーラムで、日本および韓国の学校の森運動について情報を共有し、翌朝、新潟へと向かいました。学校の森スタディービジットは、主に、学校の森と山古志《やまこし》地区の訪問、ふりかえりワークショップというプログラムで構成されていました。

山古志は、新潟県の中越地方の山間部に位置し、二〇〇七年一〇月現在の人口は一五一五人。[1] 山古志村と呼ばれていたこの地域は、二〇〇五年四月一日に長岡市へと編入合併されました。主な産業は農業で、斜面を利用した棚田で米作りが行われ、冬には、四メートル以上の積雪に見舞われる豪雪地帯でもあります。学校の森を始めた山之内義一郎さんが、〔日本の原風景〕と表現した山古志の景観と土着の文化は、学校の森の哲学的背景となりました。

山古志を象徴する二つの出来事

山間の小さな里に過ぎなかった山古志は、二つの出来事によって、名前が知られるようになりました。ひとつは、二〇〇三年に山古志地区を襲った中越地震でした。中越地震により、地区の住居は全壊し、長年つくられてきた棚田の多くが崩れました。全住民が村を離れ、二年以上にもわたる仮設住宅での生活を余儀なくされました。震災から三年たち、避難指示が解除されましたが、三割の住民が山古志に戻らないことを選択しました(3)。

もうひとつは、山古志と魚沼市を結ぶ、中山隧道《なかやまずいどう》（全長九二二ｍ）。一六年（一九三三－一九四九年）の歳月をかけ、住民が力を合わせ、つるはしで掘りあげたトンネルです。積雪量の多い山古志は、冬の間、外界からはまったく閉ざされてしまう地域でもありました。病人が出たとき、必要な物資を入手しなければならないとき、隣町まで行くのにも、危険を伴う峠越えをしなければなりませんでした。病人を運ぶ中、雪の峠で一度に複数の人びとが命を落とすこともありました。村民は、魚沼に抜けるトンネルを掘る

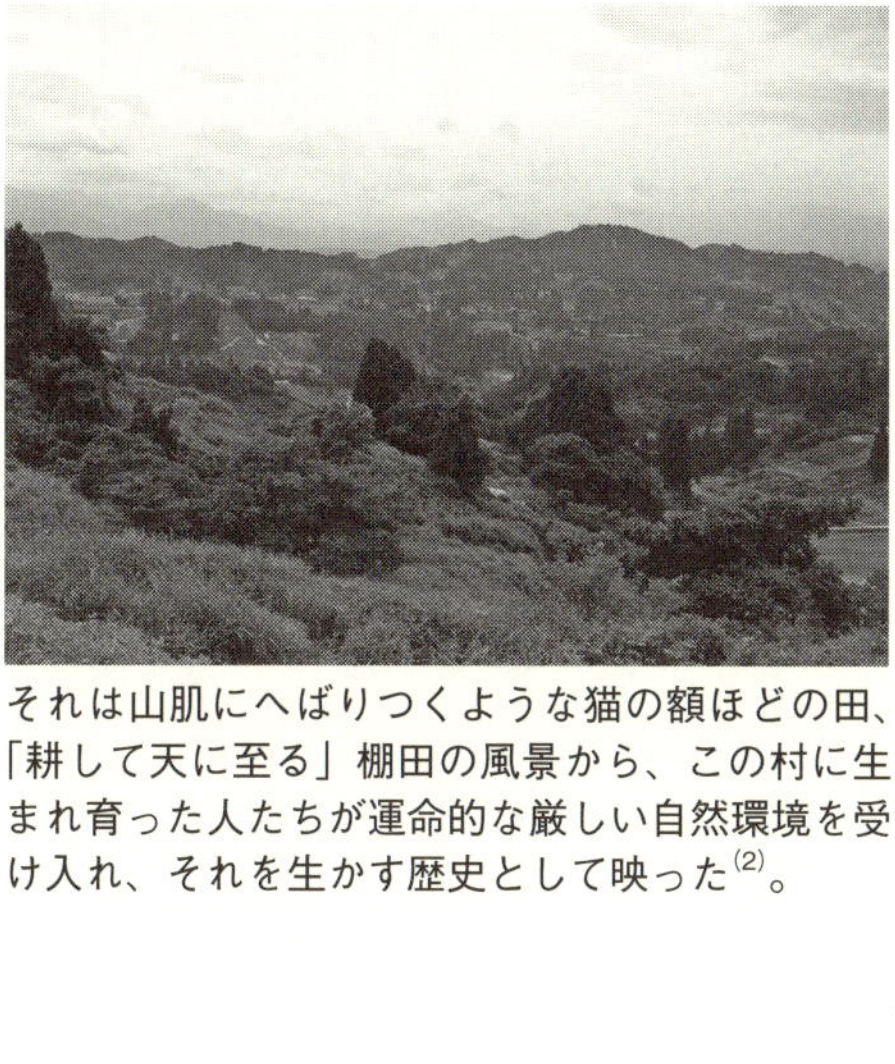

それは山肌にへばりつくような猫の額ほどの田、「耕して天に至る」棚田の風景から、この村に生まれ育った人たちが運命的な厳しい自然環境を受け入れ、それを生かす歴史として映った(2)。

よう行政に請願をしましたが、受理されませんでした。

そこで、一部の住人は自らの手で掘削を決意。しかし、村民全体での合意は得られず、村民は、推進派と反対派の対立関係に陥りました。推進派の村民は、山古志の伝統的な横井戸を掘る技術を応用し、つるはしを使っての手作業を開始しました。作業を進める中、調整役として奔走した村民の力もあり、村民間での合意が成立しました。そして、一六年の作業の後、「中山隧道」が完成しました。この掘削の過程は、「掘るまいか」という名前で映画化され、二〇〇三年の震災の前に、一般公開されました。山古志の人びとの生活や、厳しい自然環境の中で未来を自らの手で拓いてきた住民たちの強さ、自治や民主主義のあり方を問うこの映画の上映は、山古志の復興支援金を集める運動にも活用されました[4]。

体験から共感へ

山古志訪問では、中山隧道を歩くこと、そして中越地震の被災地および復興地の見学が、プログラムとして盛り込まれていました。中山隧道では、隧道についての説明のないまま、参加者であるわたしたちは、隧道の前で車を降り、眼の前のトンネルが何であるのか、何でそこを歩くのか、どこまで歩かなければならないのか、まったく知らない状態のまま歩くことになりました。ひんやりとした長い隧道を通して、設置されている電球は、一一～一三個。隧道の中は、まったく何も見えない状態でした。

足元はところどころぬかるみ、とにかく壁にぶつからないよう、時折携帯電話を灯り替わりに使いながら、手探りで歩きました。出口にいたるまでの一五分ほどの時間は長く感じられ、近代人の脆弱さ、暗闇への恐怖をも感じる、インパクトのある経験でした。

中山隧道を経て、震災直後からそのままになっている土石流跡地を訪れました。土砂に埋もれたままになっている家屋の周りには草木が生い茂り、震災後の月日を物語っていました。山古志の所どころで、道路の修復工事や、土砂崩れ防止の作業、建築中の家が目立ちました。

スタディービジット最後のワークショップ時に初めて、中山隧道の背景についての説明がありました。ファシリテーターの市嶋彰さんの淡々とした語りから、自分たちの村の未来を拓くために、つるはしを持って立ち上がった人びとの思い、生死をかけて雪山を越えなければならなかった人たちの思い、厳しい自然の中で生きてきた人びとの思いが伝わってきました。暗さ、長さ、恐怖といった隧道を歩いた際にわたしたちが感じた気持ちが、山古志の地域で生きてきた人びとの思いの端っこにつながりました。

山古志の人びとにとって、森は厳しい気候条件の中、生活に必要な食料や原材料を与えてくれる恵みの場であるとともに、生き抜くための山越えの場でした。人の生死を象徴する場であり、人知を超えた力、神をも人びとに感じさせる場でもありました。わたしは以前に映画を見ていたため、おおまかな背景について知っていましたが、話しを聞く中で、暗い隧道の中で触れた無数のつるはしの跡に、過去と現在と、これからもこの土地で、森を舞台に生き続ける人びとの思いが加わり、生々しい感覚が膨らみました。中山隧道を歩いたことは、学校の森とその背後にある「人」と「自然」の「つながり」を、自分のものとするための、通過儀礼《イニシエーション》のようでもありました。

震災による土石流跡地

中山隧道入口

雪、地震、集中豪雨、そしてスタディービジットの一ヵ月前にも柏崎市などを中心に襲った中越沖地震。度重なる自然災害や厳しい気候条件の中でも、つぶされながらも何度でも立ち直り、未来を切り拓いてきた人びとの力、自然と折り合いながら生き抜くための知恵や文化を構築してきたこと、そういったことの一つ一つを、ふりかえりのワークショップの中で、わたしたちは確認し共感していきました。

アメリカ・ナバホネイションからの参加者である、アメリカ先住民のベナリー・ハーバートさんは、グループワークの中で次のように語っていました。「日本の人は、蟻のようだね。蟻は、巣を何度壊されても、元の場所に戻ってきてまた巣をつくろうとする。厳しい自然の中で自分の生活が壊されても、何度も立ち上がり、そしてまたもとのところに戻ってきて生活をまたつくり直そうとする」。

スタディービジット前の国際プログラムの分科会で、ベナリーさんは、アメリカ先住民族への弾圧の歴史を語っていました。ベナリーさんの「蟻」と表現したその言葉から、過去から今に至るアメリカ先住民族の人びとの思いも伝わってきました。新潟の厳しい自然の中で、屈せず生き抜いてきた人びとの力と、さまざまな抑圧や差別の中で生き抜いてきた先住民族の思いとが、わたしたちの中で重なったのを感じた瞬間でした。

地域レベルから地球的規模にいたるさまざまな課題に、わたしたちは何らかの形で関連し生活をしています。〈いま・ここ〉を原点に、文化・経済・社会・政治のつながりと地理的な広がりからなる水平面に、現在・過去・未来にいたる人びとの思いや精神性が織り成す球《スフィア》のようなものの一部が、ワークショップの途中でわたしには見えました。その姿が、学校の森の姿であり、ESDにおけるホリスティックなアプローチなのではないかと感じました。

森の示す来し方、行きし方

「学校の森」スタディービジットの三週間後、個人的に、新潟の山間部にある南魚沼市の栃窪《とちくぼ》集落から山古志地区までを旅しました。人口約二〇〇人の過疎が進む栃窪は、山古志と同様に、冬には豪雪に閉ざされる山間の集落です。ここにも山古志と同じような「森」と「人」の「つながり」の物語がありました。雪に閉ざされる冬の間、必要な食料物資を求め、近くの「たる山」を越え町に行ったこと。冬の間は、住民がそれぞれ藁を持ち寄り、村の若いものの家を、夜な夜な回り、蓑や傘、雪靴、背負子などを作ったこと。

わたしは、栃窪在住の七〇代の方から、草鞋の作り方を教えてもらいました。稲藁をたたき、縄を綯い、藁を編みこんでいく。今聞かないと、もう習える機会もほとんどないだろうと感じ、何とか編み上げていきました。わたしは、編み上げながら、ある種の懐古主義に浸っていました。草鞋を一足作るには、稲藁が必要。そしてその稲藁の背景には、稲作を中心とした農耕文化があり、そこには、里山を中心とした生活文化が存在していた。一足の草鞋にいたるまでの、日本の社会・文化、そして伝統的な知恵。

栃窪の後に再訪した山古志で、「学校の森」フォーラム実行委員の佐川さんに再会しました。わたしの作った草鞋を見て佐川さんは、こう言いました。

「草鞋を見ると、つらい日々を思い出しますねぇ」。

草鞋を履いて、子どもの頃、山を越えて重い薪を運ぶ仕事の手伝いをしたこと。一日に山を何度も登ったり降りたりしなければならなかったこと。鋭い石や木が草履を突き破り、けがをしたこと。雪道では、冷たい水が藁靴に

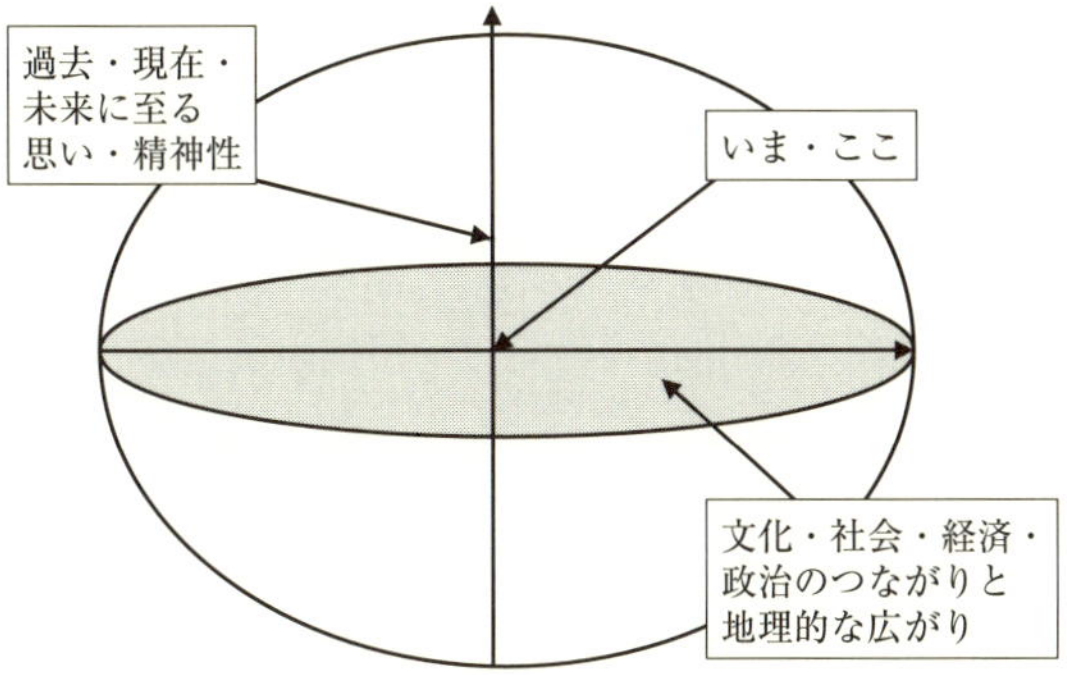

図1　ESDにおけるホリスティックアプローチの球

しみこみ足がしもやけになったこと。当時、ゴム長は、警察官や校長先生など権威ある、お金のある人たちの象徴であったこと。初めてゴム長をはいた時、心から解放されたこと。豊かさを実感したこと。こうした佐川さんの言葉もまた、「森」と「人」との「つながり」の現実を示すものでした。

いまの生活の中では、ゴム長という選択肢があります。一方で、ゴム長一足作るのには、さまざまな持続可能でない課題が伴います。それを知りながらも、雪道ではやはり、わたしはゴム長を選びます。そのような文脈のなかで、わたしが必死に草鞋の作り方を学んだことの意味は何だったのでしょうか。ＥＳＤのホリスティックアプローチという球《スフィア》における、一足の草鞋の位置づけを問われた気がしました。

自然とのつながりの中で先人たちが作り上げてきた知恵や文化と、快適さ便利さを追求しながらいのちのつながりを絶って成立つ今の生活とを深く考え、未来の世代に向け、わたしたちは何を残し、何を変え、何を目指していくべきなのでしょうか。学校の森での学びは、一過性のものだけではなかったようです。わたしは再び国際会議の原題へと戻されました。

註

（1）新潟県長岡市ホームページより http://www.city.nagaoka.niigata.jp/syoukai/jinkou/jinkou.html

（2）日本ホリスティック教育協会、今井重孝・佐川通編（二〇〇七）「ホリスティック教育ライブラリー7　学校に森をつくろう！／子どもと地域と地球をつなぐホリスティック教育」せせらぎ出版、一三頁

（3）朝日新聞、二〇〇七年一〇月二三日付朝刊一面

（4）橋本信一監督（二〇〇三）「掘るまいか　手掘り中山隧道の記録」山古志村隧道文化基金、『手掘り中山隧道の記録』制作委員会、フィールドワークスプロジェクト

学校の森

わたしたちには、見ることができていない
遠くのかなたまで
わたしたちには、見ることができていない
かつてそこに立っていたものを

いま見ることができるのは
風と空気によって
たがいに引き離された木々
そして、眼をこらして見てみれば
大地の下で
根が伸びて広がっていることに気づくだろう
たがいが、たがいに向かって
沈黙のなかで
木々はつながりあっている

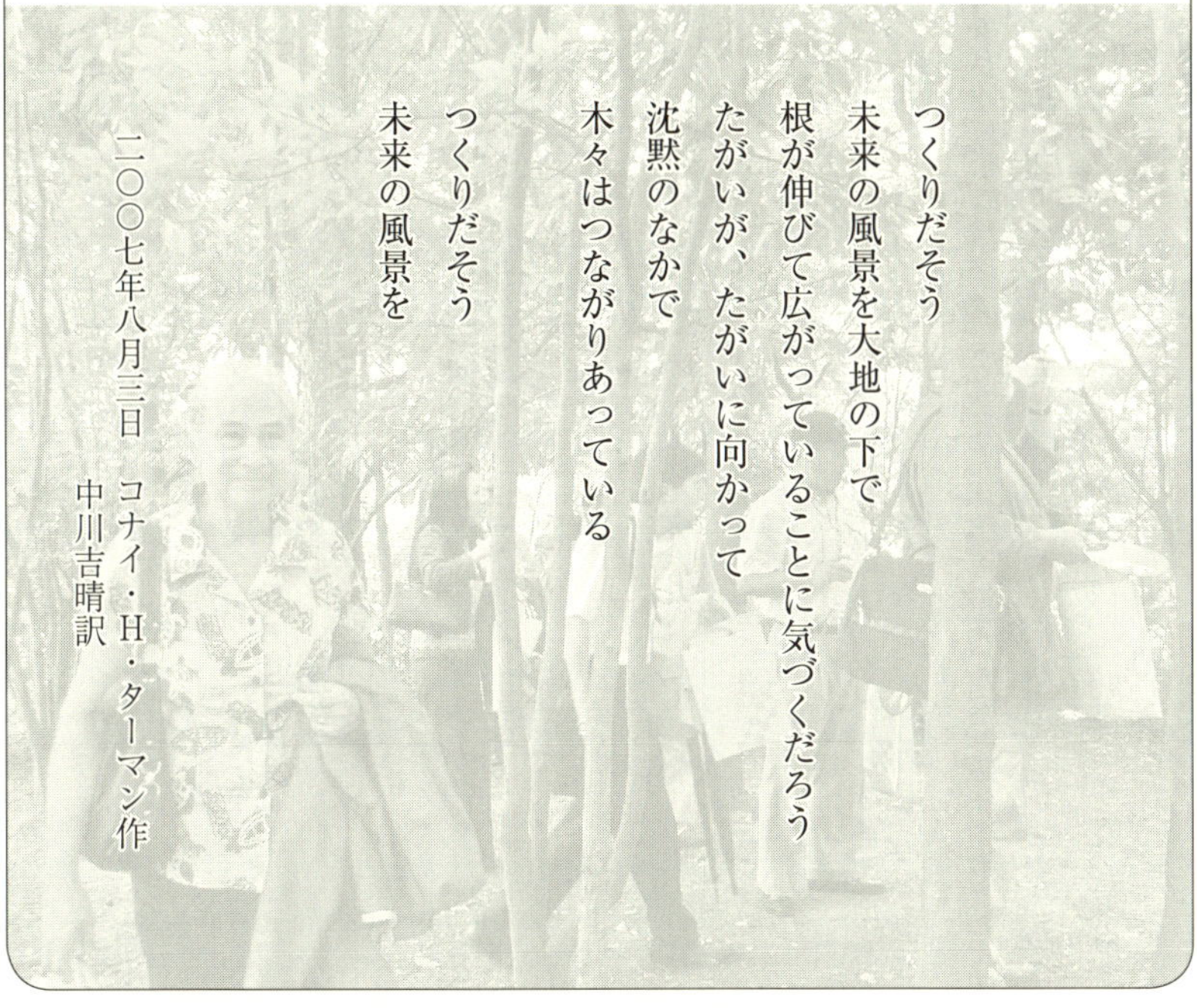

つくりだそう
未来の風景を大地の下で
根が伸びて広がっていることに気づくだろう
たがいが、たがいに向かって
沈黙のなかで
木々はつながりあっている

つくりだそう
未来の風景を

二〇〇七年八月三日　コナイ・H・ターマン作
中川吉晴訳

COLUMN

曼荼羅のかなたへ

永田　佳之
ながた　よしゆき
聖心女子大学准教授、日本ホリスティック教育協会運営委員、ACCU－UNESCOアジア太平洋地域ESD事業選考委員会委員、国際自然保護連合（IUCN）教育コミュニケーション委員会委員等としてESDの活動に国内外で取り組み、本書のもととなった国際会議の事務局長を務めた。

「プロローグ」では環太平洋国際会議で起きた〈出来事〉のいくつかが素描されています。その一つひとつをふり返り、想い起こされるのは、南方熊楠の描いた曼荼羅図の萃点《すいてん》です。国際会議の半年前に和歌山県田辺市にある南方熊楠顕彰館に保管されている熊楠直筆の曼荼羅図を特別に見せていただき、しばらく見入っていたことがあります。その時に目にした不思議な時空（図1）が国際会議の会場であった聖心女子大学のグリーンパーラーと呼ばれる小さな部屋でも再現されていたように思われるのです。

萃点とは、社会学者であり、南方熊楠研究者でもある鶴見和子によれば、「すべての人々が出会う出会いの場、交差点みたいなもの」であり、「非常に異なるものがお互いにそこで交流することによって、あるいはぶつかることによって影響を与えあう場」です（鶴見二〇〇一：一六五）。

「出会いの場」であり、「交差点」であるならば、そこは「通過点」でもありあます。しかしそれは、ただの「通過点」ではなく、そこを通り過ぎたがために、通過した者の後の人生に何らかの変容をもたらすような時空なのです。

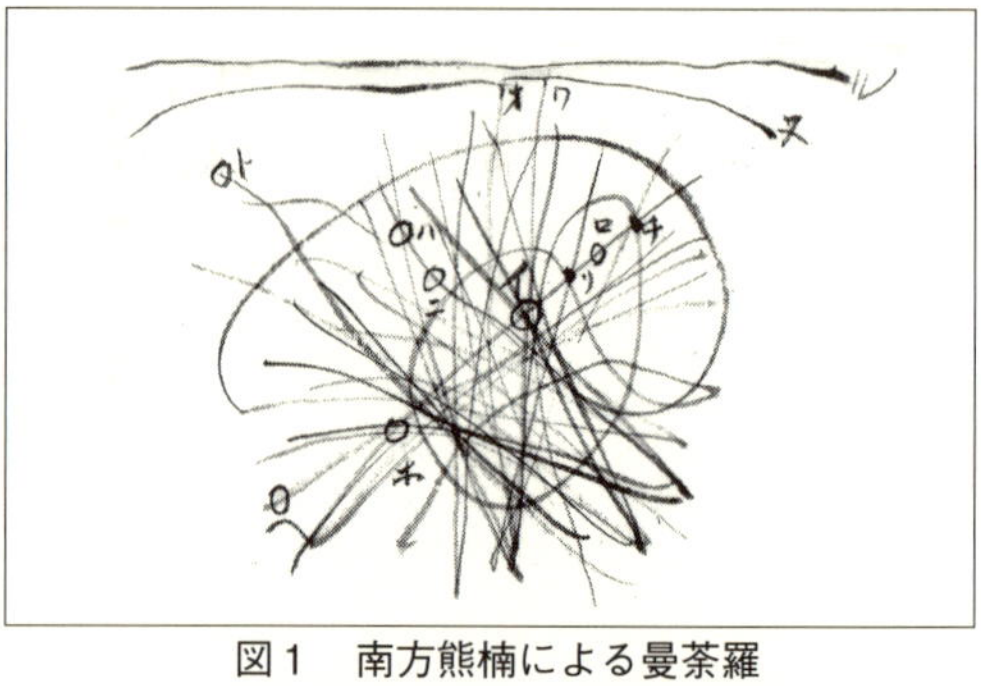

図1　南方熊楠による曼荼羅
所蔵：南方熊楠顕彰館（和歌山県田辺市）

図2のように、ふつうなら、計画やプログラムの上では、必然性ゆえに、AはA′にすすみ、BはB′にすすみます。ところがこの二つの因果系列が偶然にもある時点・地点で出会ってしまう。出会ってしまって双方の方向性までも曲げられてしまうことがあります。こうした運命のいたずら的な作用を及ぼす点（図の0）が萃点です。その結果、図3のようにAはA″へ、BはB″へと方向を変え、予期せぬ展開になります。鶴見によれば、「萃」とは集めるという意味の字であ

り、「さまざまな因果系列、必然と偶然の交わりが一番多く通過する地点」です（前掲書　一〇五頁）。ただし、重要なのは、この通過点ではある程度の緊張はあっても、相互に排除するような争いにはならないことです。「多様なものを多様なまま認めあって、しかもけんかしないでやっていく」（前掲書　一六五頁）、そんなことを可能にする、包み込むような時空が萃点なのです。

　ワークショップの講師の一人であったヴァシリー・セメンツォフ氏はプログラム終了後の感想で次のように述べています。「私の目的は単純なものでした。人類の価値を共有し、豊かにすること。それによって、私たち自身が次世代のために、より意味のある教育者になれるようにすること。私の期待はとても深く満たされ、それは驚きでもありました。というのも、この会議で誠実で心の開かれた人々に出会えたからです。私の価値観は熟慮され、吟味されました。寛容な人々でした」。

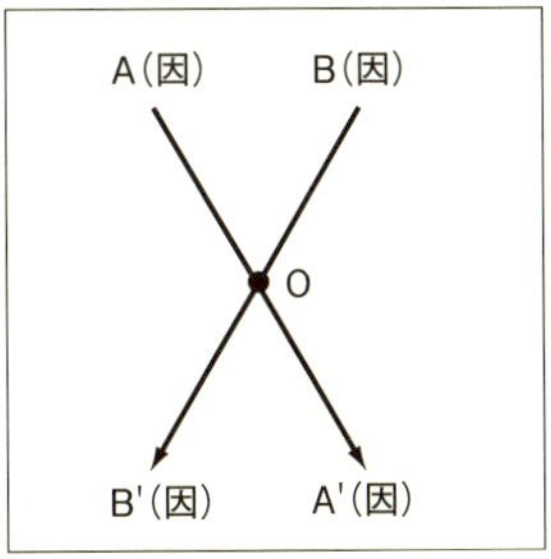

図２　出典）鶴見 2001，102頁

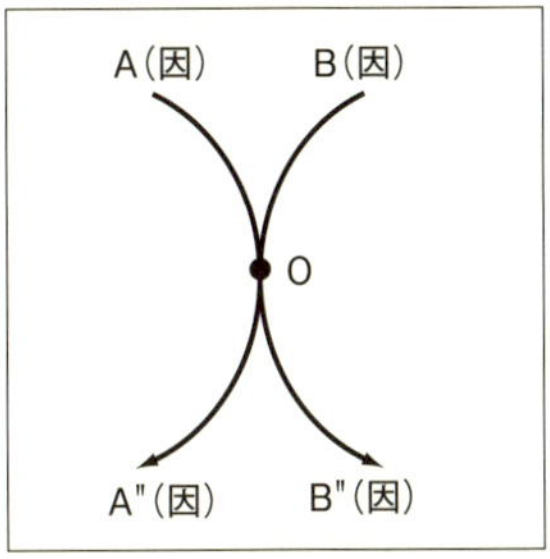

図３　出典）鶴見 2001，102頁

　セメンツォフ氏は確かに異論をワークショップの節々で唱えました。しかし、どんなに突飛な問いであろうが、誰もが氏の意見に耳を傾け、受け入れられるところは受け入れていったのです。誰にとっても異質な価値観が熟慮される、ゆるやかな時空がそこにはありました。このことは、ニュージーランドの講師であるヘザー・ペリ氏による感想、すなわち、「文化的な違いは認めながらも、一人の人間の魂がまた別の魂と出会えるように架橋され、調和のうちにおのおのが独立して立っているような感じでした」という言葉にも表わされています。

　熊楠による曼荼羅にかぎらず、曼荼羅とは、仏様を集めた絵です。そこには、ヒンズー教の神様もバラモン教の神様もありで、異質な他者に敵対し、つぶしていって自分だけ残ろうとするのではなく、すべてを包み込んでいく包容性があるようです（松長　一九八三）。こうした包容性を体現した国際会議の時空そのものが、持続可能な社会のあり方を示唆していたと思われるのです。

参考文献

鶴見和子（二〇〇一）『南方熊楠・萃点の思想』藤原書店
松長有慶（一九八三）『曼荼羅：色と形の意味するもの』大阪書籍

環太平洋国際会議　2007. 7. 31－8. 5　於：聖心女子大学

8. 1　ワークショップ

8. 1　ワークショップ

8. 2　「学校の森」フォーラム

8. 3　「学校の森」スタディービジット

8. 5　国際シンポジウム

Ⅱ　ＥＳＤへのホリスティック・アプローチ

COLUMN

いのちとシステム

柴尾　智子
しばお　ともこ
ＡＣＣＵ教育協力課課長。東京大学文学部卒業後ＡＣＣＵに就職。マギル大学（カナダ）大学院修士課程（コミュニケーション学）修了後、民間シンクタンク勤務を経てＡＣＣＵに2度目の就職。文化事業課長を経て現在にいたる。

ＡＣＣＵのＥＳＤ活動において、私は、いのちとシステム両方に意識的な教育と学びを大切にしたいと思います。

まず、いのち。地球は、奇跡の星です。四六億年前に生まれたといわれるこの惑星は、太陽との距離と自らの大きさ、さらには、月という衛星の存在という偶然の重なりによって、太陽系でただひとつ、多様な生命をはぐくんできました。この地球に、ヒトとして生まれてきたことにたいして、それぞれの人が感謝の気持ちをいだき、自分を大切にしつつ自分自身と自分以外のすべてのいのちを慈しむ気持ちをもつことができるような学びがＥＳＤの基本だと思います。いのちを生物以外のもののなかにまで感じることができるようになればさらにすばらしいと思いますが、それはもともと多くの文化のなかに内在しているのではないでしょうか。

次に、システム。人間は、現在知られている二〇〇万種ほどの動物の一種にしかすぎません。しかし、人間は、他の動物とは異なる多くの資質を獲得して現在にいたりました。それらの資質によって、人間は、みずからの生活を、家族、学校、就労、国、国家間の関係など、多くのシステムでなりたつようにつくりあげてきました。言語や、文字、貨幣と為替、統一された時間と時刻の計測方法なども、それらのシステムの一例です。私たち一人ひとりは、好むと好まざるとにかかわらず、自覚すると自覚せざるとにかかわらず、また、多くのシステムのなかに同時に位置づけられています。ＥＳＤの学びは、自らのおかれているシステムとその状況について、自覚的であることができるような、そして、人々と考えを分かち合いながら連携し、よりよいものと変えていく力、あるいはそれが守るべきものであるならば守るための力を得ることができるような学びであるべきだと思います。

いのちとシステムを学ぶいしずえとなり、しかも、学びの成果が問われるところ、スタート地点でありゴールである、それが、精神性《スピリチュアリティ》の涵養であると思います。

このような学びははたして可能なのでしょうか。

ESDの取り組みは、言葉のルーツや変遷は別として、今に始まったことではありません。可能であることは、これまでの多くの実践が証明しています。問題は、そのような教育と学びがどこまで広がることができるかにかかっています。

ACCUがこれまで大切にしてきた、さまざまな声を「聞く」こと、さまざまな立場の人を「つなぐ」ことを通じて、ESDの広がりに貢献していければと思っています。

http://www.accu.or.jp/esd/jp/about_esd/message.htmlより転載させていただきました（編集部）

写真提供©
ユネスコ・アジア文化センター（ACCU）

1　環境教育の現状

理論と実践をつなぐ

小澤　紀美子

こざわ　きみこ
東京学芸大学教授、日本環境教育学会会長。専門：住環境教育。「子どもの居場所づくり」「住民参加とまちづくり」「持続可能な社会をめざす環境教育」が主テーマ。中央環境審議会委員として「持続可能な社会づくりをめざす環境教育・環境学習」をまとめた。

日本における環境教育の新しい幕開け

二〇〇三年七月に「環境の保全のための意欲の増進及び環境教育の推進に関する法律」（以下「環境教育推進法」と略す）が制定されたことは日本の環境教育推進の新たな幕開けとなった。「環境教育推進法」の意義は、単に、環境を「守る」だけでなく、「より良い環境づくりの創造的な活動に主体的に参画し、環境への責任ある態度や行動をとれる」市民育成に向けて英知を結集していかなければならない、ことにある。人間がつくった社会や地域の問題は、人間が解決していかなければならず、持続可能な社会経済システムを構築・維持できる人づくりこそ環境の保全や環境教育の究極の目的である。環境のあるべき姿は環境基本法第三条に「環境を健全で恵み豊かなものとして維持することが人間の健康で文化的な生活に欠くことができないものであること」、つまり「生活の質」をどのように維持していくかが問われている、といえる。

これらの法律を基本的枠組みとして、多様な主体の協働・パートナーシップにより、人間と環境とのかかわりについての自然認識、科学認識、社会認識を統合し、地球市民としての価値観・倫理観をもち、自ら責任ある行動をもってライフスタイルを変革し、持続可能な社会の創造に自発的に参画し、緊急な課題でかつグローバル化している環境問題解決に対して協働できる市民としての役割をはたしていかなければならないことが期待されている。

環境教育の推進の原則は、トビリシ宣言の原則を基本にしながら以下が考えられる。①環境問題はさまざまな分野と密接に関連しているので、ものごとを相互連関的かつ多角的にとらえていく総合的な視点が不可欠である。②すべての世代において、多様な場において連携をとりながら総合的に行われること。③活動の具体的な目標を明確にしながら進め、活動自体を自己目的化しないこと。④環境問題の現状や原因を単に知識として知っているということだけではなく、実際の行動に結びつけていくこと。⑤そのためには課題発見、分析、情報収集・活用などの能力が求められるので、学習者が自ら体験し、感じ、わかるというプロセスを取り込んでいくこと。⑥日々の生活の場の多様性をもった地域の素材や人材、ネットワークなどの資源を掘り起こし、活用していくこと。⑦地域の伝統文化や歴史、先人の知恵を環境教育に生かしていくこと、などである。

また内容としては、①自然の仕組み（自然生態系、天然資源およびその管理）、②人間の活動が環境に及ぼす影響（人間による自然の仕組みの改変）、③人間と環境のかかわり方（環境に対する人間の役割・責任・文化）、④人間と環境のかかわり方の歴史・文化、を系統性と順次性を視野に入れて展開していかなければならない。

一方、社会のあり方についての議論には、絶対正しい唯一の解があるわけではないので、一人ひとりが持続可能な社会の姿やそれに至る道筋を考え、議論していくプロセスそのものが環境教育といえる。さらに環境教育が取り扱う内容も、自然のみならず、社会、経済などをはじめとする極めて幅広い分野に広がっていくことが求められている。

環境教育・学習モデルと環境教育推進の指針

環境教育を一言でいうと「いかに生きるか」を探求する学習である。つまり日常の生活課題や地域の現実的な問題を探り、解決の手だてを考えていくこと、未来が問いかけている課題に対して主体的に「かかわり」「つながり」を通して「学ぶ」ことと「生きる」ことを統合していく学習が環境教育であり、持続可能な社会づくりの視点からは「未来への学び」ともいえる。

さらに環境教育はこれまでの知識伝達型の教育や公害教育における〈問題→教授型アプローチ〉、自然保護教育における〈観察→教訓型アプローチ〉から、学び手自身が身近な地域や環境から課題を見いだし、主体的に課題に取り組み、解決の方策を見いだしていくプロセスや思考過程を重視する教育へと変えていく可能性をもつと期待されている。そこで、学習者の関心を喚起させ、その「気づき」を次のステップの「調べる」（意欲・判断力）という学習活動へ導き、その事象の背景や問題の構造を「探る」、「考える」（思考力）活動へと導き、解決のための代替策を洞察し、学習者自ら答えを導き出すと共に（批判性・問題解決力）、互いに協力しあう活動もとりいれ、さまざまな主体間の連携・協働の意義・意味を考えさせ、実践する（学習者の価値観や態度が社会参画に向かう）展開が必要である。

具体的には、「なぜ」「どうして」という疑問や好奇心から出発して「関心の喚起（気づく）→理解の深化（調べる）→思考力・洞察力（考える）→実践・参加（変える・変わる）」といったフィードバックを伴う学習過程をたどり、それは螺旋状的に展開される。つまり、ロジャー・ハートのいうアクション・リサーチでもある。調べる、質問をする、深く考える、話す、アイディアを出す、創る、説明する、行動を起こす、などの活動による体験型学習によって問題解決能力を育成していくことになろう。

日本の環境教育の学習モデルに欠けているのが、「学習者と学習課題との対話的な相互プロセスとしてとらえ、そのプロセスを通して学習者は自らの認識を不断に構成していく」というホリスティックなアプローチであり、批判的思考過程である。環境の課題が環境・経済・社会との相互依存関係にあるのであるから「自然システムと社会システムとの相互依存関係の総和として環境をホリスティックにとらえること」とする学際的アプローチが必然であり、オルタナティブな次善の解決策を求めることになる。つまり「環境教育」から「持続可能な社会のための環境教育」へ進展していくためには、①学際的なアプローチ、②システムズシンキング、③探求性や実践性を重視する参加型アプローチ、④批判性や多元的な見方を重視する問題解決型アプローチ、⑤自然や文化の多様性を基盤とするアプローチ、⑥「かかわり」「つながり」を重視する統合的なアプローチ（ホリスティックなアプローチ）、⑦さまざまなセクターとの連携性や協働性にもとづくアプローチ、が求められる。

ロジャー・ハートが「社会発展への最も確かな道は、環境の管理について理解と関心をもち民主的なコミュニティづくりに積極的に参画し活動する市民を育てること」と述べるように、子どもも大人も共に参画し、協働のプロセスから学ぶことが市民知としての環境リテラシーを育むことになるであろう。

日本環境教育学会はチェンジ・エージェントとしてさまざまなセクターとの協働を促進させ、環境教育や持続可能性の教育の枠組みの構築や推進の指針を示していく役割をはたしていかなければならない、と考える。そこで二〇〇七年二月に、日本環境教育学会とユネスコ・アジア文化センターとの共催で国際会議を開催（"Past, Present and Future: Reorientation of Environmental Education Practices towards ESD in the Asia-Pacific"）し、現在、日本の環境教育のガイドラインのあり方の議論を始めた。

初出：「環境教育の現状：理論と実践をつなぐために」『学術の動向』二〇〇六年四月号、財団法人日本学術協力財団

2　ESDにとっての文化と地域

開発教育の視点から

山西　優二

やまにし　ゆうじ
早稲田大学文学学術院教授、開発教育協会理事。一九八〇年代より、NGO・学校・地域の立場から、開発教育・国際理解教育などの教育活動に携わってきている。関係性、地域、文化という視点から、オルタナティブ性のある教育づくりを通して、多様な教育の間に変革への動的な関係をつくり出したいと考えている。

1　はじめに

日本において開発教育の実践がその具体的な展開を見せるようになって約二五年が経つ。私自身、開発教育協会[1]などを通して開発教育活動に二十数年関わってきた立場からその展開を振り返ってみると、概観的ではあるが、一〇年ごとにある特徴を指摘できるように思っている。それはまず一九八〇年代の開発教育は、多くの人に途上国が抱える貧困や格差といった開発問題の様相とその原因について知り考えてもらうことを目的に、「途上国にみる開発問題への構造的な理解」に力点が置かれていた。そして一九九〇年代に入る頃になると、それに加え、「参加型学習などの教育方法の開発」に関心が払われるようになった。つまり参加や行動を重視する開発教育を実践する上での具体的な方法・手法や教材が求められるようになったのである。そして二一世紀に入る頃からは、「地域に根ざした実践と理論の構築」という視点が新たに重視されつつある。それは、それまでの開発教育の実践が、「途上国にみる開発問題への構造的な理解」に力点を置くものの、自らの足元の地域の問題を開発問題として十分に捉え切れていないことへの反省から、学習者にとっての足元である地域の開発問題をしっかりと見据え、その問題を世界の他の地域の問題と構造的に関連づけて捉え、新しい社会のあり様を地域から発想するという視点の重視である。このことは、開発教育協会の活動において、地域をテーマにする「地域・文化・学び」研究会が生まれ、また機関誌で「地域から描くこれからの開発教育」をテーマに特集が組まれ、[2] さらに地域実践を軸にした全国レベルでのネットワーク会議が二〇〇四年度以降定期的に開催されていることなど[3]にも示されている。

　このように開発教育では、これまでの二〇年の蓄積に加え、「地域に根ざした実践と理論の構築」という視点がいま改めて重視されつつあるが、この視点は、まさに「持続可能な開発ための教育（以下ＥＳＤと記す）」にとっても同様に重要である。ＥＳＤの展開を考える上で、地球的な視野に立つＥＳＤの理念・理論は必要ではあるが、いくらその理念を実践の場におろそうとしても、その教育・学習への必然性が学習者に見えてこないと、その理念は「きれい事」にとどまることにもなりかねない。いかにして具体的な生活レベルでの実践にしていくのかを考えると、まさに地域に根ざした実践と理念・理論をていねいに構築していくことが必要不可欠であると考えられる。

　本稿では、ＥＳＤが国際シンポジウムの第一部のテーマであった「文化的視点」を重視する場合の文化の捉え方と、その文脈でのＥＳＤにとっての地域のもつ意味について、これまで開発教育に関わってきた立場から若干の考察を加えてみたい。

2　ＥＳＤにとっての文化

　これまで教育の世界で文化がどう捉えられてきたかを考えてみると、文化を理解の対象にとどめることによって、余りにも一面的な文化観を形成してきたことに気づかされる。つまり、理解の対象としての特定の文化に国や民族などの枠を背負わせることにより、それぞれの文化を固定的静的に捉えがちであったこと、また文化間の多様性・

差異を注視するあまり、それぞれの文化のもつ階層性・差別性などの問題性に目を向けることなく、文化を相対主義的に捉えがちであったこと、さらには文化の捉え方を認識レベルにとどめ、情動・行動レベルを含め、より総合的に文化を捉えることが十分ではなかったこと、などが指摘できる。

しかし、ＥＳＤが「文化的視点」を重視する場合、その文化の捉え方は決して前述のような一面的なものではないということは明らかである。ＥＳＤが開発教育と同様、問題・課題を軸に据え、人間と自然、グローバルとローカル、開発途上国と先進国、などのように、空間的にその関わりを捉えようとし、また現在の問題状況を見据え、過去に学び、未来を志向するというように、時間的にもその関わりを捉えようとしているところに特徴があるなら、その立場から文化というものを捉えてみると、文化というものの動的、可変的側面が浮びあがってくる。つまり、人間が自然との関わり、また社会的な関わりのなかで、課題克服に向けての共同作業を通してつくり出してきた文化というもの、また人間が未来に向けて、たえず伝承・選択・創造し続けている文化というものは、まさに動的であり、可変的であり、創造的なものである。

たとえば、今日の世界の文化を取り巻く状況は、多様な文化が緊張・対立関係をつくり出していることにその特徴がある。この緊張・対立の関係をどう乗り越えていくかが、二一世紀の重要な教育課題であることは、ユネスコ二一世紀教育国際委員会の報告書『学習：秘められた宝』(4)が、二一世紀の克服すべき重要課題として、「グローバルなものとローカルのものとの緊張」「普遍的なものと個別的なものとの緊張」「伝統と現代性との緊張」「長期的なものと短期的なものとの緊張」「精神的なものと物質的なものとの緊張」など七項目の緊張状態を指摘していることに示されている。そしてそこでの文化の捉え方は、必然的に批判的、選択的、創造的なものになってくる。

また、今の世界各地での地域づくりを眺めてみると、そこには祭りがあり、踊りがあり、歌があり、演劇・芸術があるように、大人・子どもを問わず、すべての人に精神的身体的な躍動を生み出すような文化的な動きが一つの核になっていることが多く見てとれる。そしてそこでの文化とは、単に認識レベルでの対象ではなく、まさに情動・身体性を含む総合的なものである。

　このように、文化とは動的なものであり、ＥＳＤに求められているのは、文化を多面的、総合的に捉えつつ、その文化を創造する主体としての人間づくりへの働きかけであることは確かである。

3　ＥＳＤにとっての地域

⑴　地域とは

　では以上のような文化観に立つと、ＥＳＤにとって地域とはどういった意味・機能をもっていると考えられるだろうか。まずは地域の定義から確認してみたい。

　地域は、伝統的には、地縁的ないし血縁的なつながりを中心とした住民が共同性に基づいて形成してきた生活空間を意味するものとして捉えることができる。しかし地域は多義的であり、行政区や学校区のように切り取られたある一定の社会空間を指すことや、中央に対する地方、中心に対する周辺を指す場合もある。また学校と地域の連携という言葉に示されるように、学校を取り巻く個人や団体、伝承文化・文化遺産・環境資源などを総称的に指す場合にも使われている。

　また地域を、ある一定の固定化された空間として捉えるのではなく、問題や課題に即して可変的に捉えることも可能である。つまり地域を「特定の問題解決や課題達成に向けて住民の共同性に基づき形成される生活空間」として捉えるならば、守友裕一が次に指摘するように、課題の種類とその課題を担う住民を出発点として、地域の範囲は伸縮自在となり、また地域そのものも重層的に捉えることが可能になる。

地域の範囲をいかに規定するかという議論は、変革すべき課題に即して決まるのであり、その意味で地域の範囲は『伸縮自在』であり、担い手の人間集団を出発点としてそれぞれが重層化しているととらえるのが妥当である。地域の範囲を画定することが問題なのではなく、地域の現実を主体的にどう変革していくか、そうした課題化的認識の方法こそが、地域をとらえる上で最も大切なのである。(5)

このような地域の捉え方は、ＥＳＤなどの問題解決型の教育にとっては特に重要である。それは地域が、政治、経済、文化、自然環境などの要素を内包する生活空間であり、それらの要素は互いに従来の一定の空間としての地域を越えて動的に絡み合っているなかにあっては、そこに存在する問題とその解決方策を検討するにあたっては、地域をより伸縮自在に、柔軟に、重層的に捉えることが、住民間に共同性を生み、学びそして解決行動に具体性をつくり出すという観点から重要であるためである。

(2)　地域のもつ機能

ではそのような地域とは、ＥＳＤにとって、どのような機能を有している、もしくはその可能性を有していると考えられるだろうか。特に文化との関連から考えられる、地域のもつ機能を、相互に関連し合う三つの観点から、次に指摘してみることにしたい。

①「歴史に学ぶ」――先人たちの知恵に学ぶ場としての地域

まず、地域は「学ぶ」場である。歴史的存在としての人間が、先人たちの知恵に学び、生きることを保証しあってきた場が地域である。それは地域のなかに、先人たちが多くの問題解決を通して蓄積してきた長い歴史的営みとしての多くの知恵が、地域性や習俗・風習などの文化として折り込まれてきているからである。

いま私たちが、問題解決・課題達成の場として地域を捉え、そしてその地域での学び・教育のあり様を考えようとする場合、そういった地域性・習俗・風習などの文化に見られる先人たちの知恵に学ぼうとすることは、歴史に学ぶという意味から、最も基本的かつ必要なことと言うことができる。またこのことは、外から制度として、伝統的な「おしえ、そだて」とは断絶した形で地域に持ち込まれ、現在においても地域性と切り離された教育を生み出しがちな学校教育・学校文化を再考する上でも、大きな意味をもっているということができる。

②「参加する」――参加を可能にする場としての地域

第二に、地域は「参加する」場である。ＥＳＤにとって、「参加」はキーワードであり、学習過程への参加、問題解決への参加、そして持続可能な社会づくりへの参加など、多面的に参加は捉えられてきている。そして学習者に、社会活動への具体性のある参加を可能にする場が地域である。

ただここで注視すべきことは、この参加を複合的、重層的に捉えるということである。たとえば地域社会というものが政治・経済・文化といった要素を内包していることを考えると、そこにおける社会参加とは、政治的参加、経済的参加、文化的参加を意味することになる。また参加の対象となる社会活動をその原理から捉えてみると、そこには平等性・公共性などの公益を原理とする「公」の活動、共同性・自発性などの共益を原理とする「共」の活動、そして功利性などの利益を原理とする「私」の活動が浮かびあがる。つまり社会参加というものは、地域からみた場合、このように政治・経済・文化、そして「公」「共」「私」といった側面から、より複合的、重層的に捉えることが可能になる。

そして地域の問題状況に即して社会参加の必要性を考えるならば、たとえばいま、地域社会の崩壊、地域的関係性の希薄化といった表現で問題が指摘されているのは、「公」が硬直化し「私」が肥大化する一方、「共」が地域で崩壊・弱体化している状況に対してである。いま、特に新たな動きとして注目されている民間市民組織としてのＮＰ

O・NGOによる地域活動への参加は、まさに「共」の再生への大きな原動力になると捉えることができる。このように地域はESDが重視する社会参加を具体性をもって語ることを可能にするのである。

③「対抗し連携する」――対抗・連携の場としての地域

第三に、地域は「対抗し連携する」場である。ESDは問題解決を通して持続可能な社会づくりを目指しているが、その過程では多様な対抗・連携の過程を生み出すことになり、その過程の拠点になるのが地域である。

たとえば経済のグローバル化の進展は、効率性・競争原理という価値による、均質化・序列化を世界的に押し進め、また金融の自由化と多国籍企業活動の自由化によって、多国籍企業は暴力的な力で、弱い国の経済を破綻させ富を収奪し、結果としてその恩恵に預かる地域とそうでない地域の格差を一層拡大させつつある。そしてこのグローバル化に対抗し、異なる価値による社会づくりへの動きが見られるのは地域においてである。

ここ数年の間に、たとえば世界の各地域で生まれつつある「地域通貨」はその一事例である。この地域通貨は、特定の地域の小さな集団で使われるようつくられた通貨であり、貨幣ではないため、投機や貯蓄の対象にはならない。環境、福祉、教育といった特定のテーマで、サービスをやりとりしたり、ものを売買したりする場合に使われるが、人と人が直接に顔の見える関係のなかで使われるところに特徴がある。

またこの地域通貨の一つの魅力は、その基本原理として効率性・競争原理が想定されていないことにある。たとえばミヒャエル・エンデは、ルドルフ・シュタイナーの社会有機体三層論を基礎に、社会という有機体を構成する三つの領域とその基本原理として、政治・法での「平等」、精神・文化での「自由」、そして経済での「友愛」を示している。(6) 経済活動にとって効率性・競争原理は不可避的な原理であるといった認識が一般的であるのに対して、経済の基本原理に「友愛」を置くということは、興味深い指摘である。実際、地域通貨は、小さなレベルから、人のなりわいを助け、相互に支え合う可能性が追求され、また一つの地域共同体を結びつける絆になる可能性が想像できる。

貧困や地域間格差が深刻化し、経済のグローバル化にどう対峙するかが問われているなかで、地域通貨以外にも、スロービジネス、コミュニティビジネス、フェアトレードなどの活動のなかに新しい原理に基づく地域づくりへの試みを見ることができる。そしてそれらの試みは、地域と地域がつながり、連携し合う中で、地域に根を張った新しい社会づくりへの変革の動きとして捉えることが可能になる。経済のグローバル化に対抗し、持続可能な社会づくりへの動きにおいて、地域が重要な拠点となっていくことは確かである。

4　おわりに

以上、本稿では、ＥＳＤにとっての文化の捉え方と、ＥＳＤにとっての地域のもつ意味・機能について、「歴史に学ぶ」「参加する」「対抗し連携する」という三つの観点から考えてみた。これらは、人間が歴史的存在、社会的存在として主体的に生きていくうえで必要とされる機能であり、また文化創造の主体としての人間に求められる機能でもある。これらの機能を地域は社会の基本的な単位として内包することを可能としているが、しかしこれらの機能は、地域に固定的に存在しているわけではなく、学び・教育を通して、活性化・再生化されていくものである。したがって地域というものをていねいに捉え直すなかで、地域のこれらの機能を活かした学び・教育をつくり、またそれを通して、地域の機能を活性化・再生化していくことが、これからのＥＳＤには求められている。

二〇〇七年の九月に私は、「チベットよりもチベットらしい」と言われるインド最北部のラダックをＮＧＯのスタディツアーで訪れる機会を得た。そしてそこには、一九九〇年代以降の社会の急激なグローバル化に伴う伝統文化の崩壊と格差の広がり、環境の悪化を批判的に捉えつつ、農業や医療などにおいてチベット仏教文化という伝統性に改めて学ぼうとする試み、ソーラーエナジーなど最新の科学技術を環境の循環性という視点から活用しようとする試み、近代の学校教育へのオルタナティブとして生活に根ざす教育をNGOがつくりだそうとしている試み、そしてそれらの未来に向けての試みを、地域内外のNGOが連携・協力している試みなどを目の当たりにした。伝統文化を未来に向けて活かしつつ、エコロジカルな暮らしを取り戻そうとするこれらの試みは、「懐かしい未来」(7)という言葉に象徴されているが、このような試み・動きは、いま世界の多くの地域で生じつつある。ESDを何か大上段に構えることなく、こういった試み・動きに即したESDを、そして持続可能な文化を、地域の中から共同性を通して、ゆっくりとそして力強くつくり出していくことが求められているのではないだろうか。

註

(1) 開発教育の推進を目的とする全国レベルでの民間ネットワーク組織として一九八二年に開発教育協議会が設立され、二〇〇二年には開発教育協会へと改称している。

(2) 「地域・文化・学び研究会」は開発教育協会の研究事業の一つとして二〇〇三年三月に設置され、その研究成果の中間報告として、機関誌五〇号（二〇〇四年八月）では「地域から描くこれからの開発教育」が特集として組まれている。

(3) 日本の各地域レベルでの開発教育の推進に向けての戦略会議として、開発教育ネットワーク会議が、開発教育協会の事業として、二〇〇四年度以降毎年開催されている。

(4) 天城勲監訳（一九九七）『学習：秘められた宝／ユネスコ「二一世紀教育国際委員会」報告書』ぎょうせい

(5) 守友裕一（一九九一）『内発的発展の道／まちづくり、むらづくりの論理と展望』農山漁村文化協会、二八頁

(6) 河邑厚徳＋グループ現代（二〇〇〇）『エンデの遺言／根源からお金を問うこと』NHK出版、七六頁

(7) 「懐かしい未来」とは、スウェーデン生まれの言語学者であり、一九七五年にラダックに入り、エコロジカルで文化的な暮らしをを取り戻すためにNGOであるISEC（エコロジーと文化のための国際協会）を立ち上げたヘレナ・ノーバーグ・ホッジ（HELENA NORBERG-HODGE）が一九九一年に著した"ANCIENT FUTURES: Learning from Ladakh."の邦訳のタイトルである。

3　環境倫理におけるホリスティックな視点とESD

鬼頭　秀一

きとう　しゅういち
一九五一年名古屋生まれ。環境倫理学。東京大学博士課程単位取得退学（科学史・科学基礎論）。「現場」を歩きながら、環境にかかわる理念的な研究を行っている。
東京大学大学院新領域創成科学研究科社会文化環境学専攻教授。

環境倫理の現在

環境倫理の議論は従来アメリカを中心に展開してきた。その中では、人間中心主義からの脱却にかかわる議論が中心を占め、そこから派生して、自然の価値に関する論点を中心に、価値論的なアプローチで展開されてきた。人間と自然との関係をホリスティックな視点から捉えようとする議論は脇に置かれてきたと言ってよい。もっとも、生態系全体をホリスティックなものとして捉えたアルド・レオポルドの土地倫理は環境倫理の中に位置づけられているし、生命圏の生物を関係の網の目の中でホリスティックに捉えようとしたディープ・エコロジーのような環境思想は存在していた。しかし、レオポルドはホリスティックな生態系を実体的なものとして捉えていたし、また、ディープ・エコロジーでも、生命圏の中の人間の位置づけの中で人間と自然とのホリスティックな関係は位置づけられているものの、人間の社会的なあり方も含めて、より広範な形で人間と自然との関係をホリスティックに捉える視点はほとんどなかった。

しかし、環境倫理の本義に戻れば、人間が環境に対してどのようにかかわるかという、行為規範を中心にして捉えるべきであり、自然の価値の問題はいくら精緻に議論したところで、そこから自然に対する人間のかかわりのあり方についての方向性が示されるわけではない。

そもそも、「反省すべき人間中心主義」というとらえ方自体が、「利用」という視点で人間が自然とかかわる様態を、功利主義的な視点に押し込めてしまっている。「利用」という人間の自然に対する営為はもっと多様な側面を持っている。狭い経済的な関係に限定されない、自然の文化的な価値を介したかかわりや宗教的なかかわりに代表される精神的な関係も含めた関係が存在しているし、自然「資源」を前にした人と人との社会的な関係性も含めた側面も重要である。しかし、従来の環境倫理の議論では、それを、「資源」の物質レベルでの「利用」と、そのことにかかわる経済的な側面に限定してしまっていた。

しかし、人間中心主義を否定して人間非中心主義的な考え方を模索することは、結果的に、人間と自然とを二項対立図式に押し込め、裏返したに過ぎない。実際、このような人間非中心主義的な野生生物保護は、特にアジアやアフリカでの伝統的な生活を送る人たちがいる地域で、人間を排除し、そこに生きる人たちの、狩猟も含めた伝統的な野生生物とかかわる文化を否定するものとなってしまっており、大きな問題を残している。

環境倫理として問題を立てなければならないのは、人間の自然に対するかかわりのあり方、関係性である。そのかかわり、関係性は、そもそも、多様な側面を持ったホリスティックなものである。

社会的リンク論におけるホリスティックな関係

たとえば、他の生物を殺めて生きる糧とする場合も、ただ単に、食べる対象として、栄養的な資源としてかかわっているわけではない。もちろん、食べる資源に関しては採取、狩猟、栽培や畜産という社会、経済的な関係の中で行われているので、経済システムの中の関係にあることは当然である。しかし、それだけでもない。現在の産業的な畜産システムや工場生産的な農業生産を考えると、物質資源的な側面と経済的な側面だけの営みに見えるが、本来は、精神的なかかわりという側面が存在していた。日本の山村や中山間地区の狩猟においては、山の神に感謝をするような宗教儀礼が今でも行われている。伝統的な北東北日本の狩猟集団のマタギの人たちは巻狩りなどの狩猟の営みの中に厳しい規律があるが、それは山の神に対する宗教的なかかわりなのである。また、宗教的な色彩がそれほど濃くなくとも、対象の動物に対する畏敬の念があるなど、狩猟者が動物と対峙した時の精神的な一体感なども、狩猟に留まらず捕鯨などの営為にも一般的に見られる。日本人のイネに対する特別な宗教的な感覚は特別だとしても、農作物の植物が育っていくことに対する生命に対する思いは一般的に存在している。現在の日本で、市民農園が盛況であることも、定年退職者が往々にして農業に身を投じるのもそのことと深い関係がある。そこには、市場に出荷するという経済的な色彩はほとんど皆無であるし、むしろ、お金と時間と労力をかけて農の営みに入れ込む姿がそこにある。人々は、物質的、経済的なかかわりではなく、まさに精神的なかかわりをそこに求めているのである。

このように、人間の自然との関係性の中では、自然を「資源」として捉えるような経済行為としてかかわる側面の「社会的経済的リンク」と、自然を宗教的、文化的な対象として捉えるような精神的な行為としてかかわる側面の「宗教的文化的リンク」の両方のリンクが方法論的に存在している。現代の産業社会の中では、前者のリンクしか存在していないように見える状況が一般的であるが、もともとの人間の自然にかかわる営為としては、二つのリンクがホリスティックにつながったものとして、全体性・統合性（integrity）を持ったものとしてかつて存在していたのである。そして、現代の社会の中では、この二つのリンクの全体性・統合性（integrity）を回復し、再構築することが求められている。このことは、この二つのリンクがホリスティックな関係にある過去の状態を単純に取り戻せばいいということではない。二つのリンクのホリスティックな関数的な関係を新たに再構築することが求められているのである。私は一九九六年に、『自然保護を問いなおす――環境倫理とネットワーク』（ちくま新書）の中で、このことを「社会的リンク論」として提起した。

この理論が提起するものは、人間と自然との関係の中で、宗教や文化にかかわるような精神的なかかわりが本質的な関係の重要な部分を占めるということであるが、この精神的なかかわりは、単に、物質的、経済的なものに対する精神的な（mental）ものに留まらず、自然宗教的営みの土台にあるような、物質的なものと精神的なものが対立的ではなく、ホリスティックな関係にあるような、宗教的な霊性にかかわるような意味での精神性（spirituality）であることを意味している。その意味では、アルネ・ネスが当初展開した、本質的な意味におけるディープ・エコロジーとも通じるものである。

また、その一方で、この理論は、環境問題の本質が、人間と「自然」という狭い意味での「自然」環境の問題に留まらないことを提起している。「自然」は「環境」と置き換えた方がより的確である。「環境」は、その本義において、人間を取り囲むものであるものから、人間を主体においたものであり、自然的環境のみならず、精神的環境や社会的環境まで含めたもっと幅広いものである。それゆえ、人間と「環境」との関係は、自然的環境だけでなく、精神的環境や社会的環境まで及ぶものであり、社会的リンク論は、そのような、自然的環境から、精神的環境や社会的環境まで含めた、より全体的なものとしての「環境」として捉えなければならないということである。

社会的公正の視点とＥＳＤ

そのような視点から、私は、社会的環境の諸相の中でもっとも重要な問題として、社会的公正の問題を、社会的リンク論をより社会的な文脈に拡張した問題として捉えてきた。そして、その中でも、環境政治学や環境社会学の中で展開されてきた「環境正義」(environmental justice) という問題提起が、環境倫理学にとっても本質的な問題であると考えてきた。その問題をより具体的な諸相で考えてみる。

自然環境の問題を精査していくと、そこには、精神的な環境の問題や社会的な環境の問題が潜んでいて、離れがたく結びついていることが見て取れる。白神山地の保全の問題は、東京から見ると原生的なブナ林の保護の問題として捉えられていたが、実は、ローカルな視点から見ると、白神山地周辺の地域の人たちの、山菜やキノコの採取活動やマタギの人たちの狩猟活動における現地の人たちと白神の自然との精神的に深いかかわりをもった文化の問題として捉えられる。そして、一九九三年末の白神山地の世界遺産登録を契機に始まったコアの区域への入山禁止問題は、一方的で一面的な自然保護的言説によって、現地の人たちの白神との精神的にも深い関係が否定され排除されていく、社会的不公正の問題としても出現した。白神周辺の人たちの精神的にも社会的にも深く結びついていたその思いがあってこそ、初めて保全された白神山地において、自然保護ということの名の下に、その深い結びつきを切断され奪われていった。そのような現実を踏まえた形での白神山地の真の意味での保全は、自然的環境のみならず、精神的環境や社会的環境を一体とした形で、まさに、ホリスティックな形でなされなければならなかったのである。井上有一氏が強く主張していたように、自然的環境における「環境持続性」(environmental sustainability)、精神的な環境における「存在の豊かさ」(ontological richness)、社会的な環境における「社会的公正」(social fairness) という三つのレベルのものがここに同時に達成されなければならなかったのである。「環境正義」(environmental justice) として提起されてきた問題も、具体的な諸相の中ではまさにそのように捉えられるのである。

環境教育の現場では、まさに同じ頃から、ＥＳＤが唱えられて行った。従来の環境教育では、人間の自然との関係性が特に主題化されて考えられていたが、環境の社会的な側面については理論的に大変希薄であった。環境教育を支える環境倫理的な理論としては、自然の価値の認識程度で、あとは、自然と触れ合うことの意味という素朴な感性がそれを補完していた。日本の学校における環境教育が文部省主導で日本に移入されたこともあり、公害教育の連続線上にある、環境における社会的な問題は、中心的な環境教育の中にはなかなか含められなかった。

しかし、二〇〇〇年代になり、ＥＳＤが提起されると、日本の環境教育の議論は、一挙に、変貌を遂げたようである。今まで軽視されてきた社会的公正の問題は、特に、途上国の開発教育の中で中心的な問題として捉えざるをえないところもあり、理論的には、正当に、環境教育の中に位置づけられるようになった。しかし、従来の環境教育の理論と社会的公正を巡る問題を、それぞれの地域における環境教育とどう理論的に整合が取れた形で位置づけていくのかということに関しては、十分に展開していないように思われる。そして、従来、素朴な形で捉えられてきた、自然とのふれあいということの意味、特に精神的な意味の問題が、社会的関係の問題とどう統合的に捉えていくのかということが大きな課題となっている。

しかし、本論で述べてきたように、「環境」の社会的な問題と、精神的な問題は、自然的環境の問題も含めて不可分であり、全体として捉えられる必要性がある。

従来、自然的環境の問題に限定されてきた「環境」の問題の把握は、途上国での、特に先住民族の人たちのように伝統的な自然とのかかわりの中で生活してきた人たちと自然保護や野生生物保護の相剋として出現した。先住民族の人たちの権利を守るという社会的公正の問題は、近代文明の影響を強く受けた社会の変動の中においても、なおかつ、伝統的な文化を保持していくか、あるいは、社会の中のさまざまな諸相とのダイナミックの関係の中で、何らかの形で、伝統的文化を再構築していくことも含めて、その地において「豊かに生きる」ということと不可分である。それは、とりもなおさず、外からの「開発」や「保護」に抗して、自然的環境を、精神的な関係や社会的関係も含めたホリスティックな関係の中で捉えることによって、真の意味で保全することと結びついている。社会的公正の問題とそこで精神的に豊かに生きるということと、自然環境を持続的に保全することとは一体のものなのである。

精神的なかかわりにおける身体性とホリスティックな視点

精神的なかかわりは、主観的なものであり、客観的な形で捉えるのは一般に困難である。しかし、精神的なものであっても、社会的リンク論において、回復し、また再構築されるべき宗教的文化的なリンクは、現実の営みの中では、行為として立ち現れている。身体的な行為の中で、身体性を通じた形で表現される精神性こそが、自然とのかかわりでは重要である。自然的環境と精神的な環境をホリスティックに捉える基盤は、人間が「身体」という物質的な基盤を持った身体を通じて物質的な自然的環境と交流することにより、「身体」を通じた形で、自然的な環境と精神的な環境がそこに統合される部分にある。

そのような「身体」を通じての自然との物質的かつ精神的な行為として代表的なものが「遊び」であり、「遊び仕事」であり、「生業」（subsistence）の営みである。それらが連続スペクトルの中に存在しているのが、人間の「生」そのものなのである。

「遊び仕事」とは、民俗学や文化人類学で提起されてきた「マイナー・サブシステンス」の和訳の用語である。そもそも、マイナー・サブシステンスは、副次的な「生業」（subsistence）であり、市場経済的にはなくてもまったく困らないという意味でほとんど意味を持たない営みであるが、従事している当事者にとっては大変意味深く、精神的な意味の側面がより強い生業的営みの行為である。その用語を、「遊び仕事」として翻訳することにより、民俗学や文化人類学における概念的外延の限定から解放し、大人の「生業」（subsistence）と子どもの「遊び」との中間的な存在として、「経済的な要素よりも精神的な要素が大きく、また重要な意味を持っている生業的営み」

として再定義した。それは、人間の自然との関係性の基本的な営みの中で、「生業」と「遊び」の中間的なものとして大変重要な鍵となる営みである。

自然とのふれあいという環境教育の古典的な問題は、子どもの「遊び」という行為を介して、「生業」(subsistence)から「遊び仕事」、「遊び」の連続性の中に位置づけて始めて理解できるし、そこにおいてESDの中に適切に位置づけることができる。「遊び」という行為の中で、自然的な関係と精神的な関係をホリスティックに捉え、意味づけることが必要なのである。

自然的な持続可能性という問題は、社会的な公正に特に留意した社会的関係の問題と、生業から遊び仕事、遊びまで拡がりのある、人間の自然とのかかわりにおける基本的営みの行為そのものに集約できる自然との精神的な問題をも含めて、全体として捉えるようなホリスティックなアプローチの中で捉えられていくべきである。それがESDの本質なのである。そして、それは、ローカルな現場において、地域的な課題を考えることでもある。ESDは学びのプロセスであるが、その一方で、地域の環境にかかわる地域設計、社会的デザインの問題でもある。地域においては、さまざまなものが歴史的、文化的に蓄積されてきている。ローカルな地域の課題に対して、上記のホリスティックな人間の基本的な営みの行為を分析し、ローカル知を顕然化、組織化していくことは、地域社会をデザインし、国土のデザインを構想していくために、現在ますます求められている。まさに、その道筋の向こうにこそ、ESDのホリスティックなアプローチの開かれた未来が展望できるのではないだろうか。

COLUMN

ＥＳＤ－Ｊの目指すこと

浅川　和也
あさかわ　かずや
高校教員をへて、東海学園大学勤務。参加型の学習をすすめる国際理解教育に関心を持っている。コンフリクトや問題解決のための平和教育の国際ネットワークにも関わっている。ＥＳＤ学校教育研究会代表およびＥＳＤ－Ｊ理事。

「持続可能な開発のための教育の一〇年」推進会議（ESD－J）は二〇〇二年にヨハネスブルグでひらかれるサミットへの提言のために二〇〇一年から活動がはじめれたヨハネスブルグサミット提言フォーラムを前身としています。ヨハネスブルグで「持続可能な開発のための教育の一〇年」が提案され、二〇〇五年より、はじまっています。政府でのとりくみにたいして、民間からの活動をすすめるためにESD－Jは二〇〇三年六月に発足しました。

「持続可能な開発」という言葉は、まだ一般には、あまりなじみがないように思います。一九七〇年の大阪万博は「人類の進歩と調和」そして約三〇年後の愛・地球博は「自然の叡知」がテーマでした。公害、そして温暖化問題など、人間と自然との共存が問われてきています。他方、二一世紀を迎え、国連は二〇一五年までに貧困をなくすために「ミレニアム開発目標」を掲げています。人間らしく暮らすことのできる人びとの権利の実現、そのためのニーズを充たすための開発は欠かせません。紛争は環境も人びとの暮らしをも壊します。経済のグローバル化も大きな問題です。わたしたちの暮らしとつながりがあり、地域の課題とも関連していて、まさに時間と空間をこえるホリスティックなものです。その解決のためにわたくしたちの価値観を問うことがきわめて重要で、多様な文化のあり方を熟考するなかから未来への展望が得られるように思います。

「持続可能な開発のための教育（ESD）」をはじめ地域から地球規模の課題にとりくむためには、さまざまな人びとの連携が必要です。これまでのさまざまな「環境・開発・人権・平和・ジェンダー・多文化共生・保健など、社会的な課題に関する教育にかかわるNGO・NPO・個人の動き」をつなぐことがESDにとりくむことで可能になるものと思われます。ESD－Jは一〇〇余りの団体会員、および個人会員からなり、次の目標のもとに活動しています。

①　異分野のNGOなどが互いに補完し合いながら、持続可能な社会づくりに取り組むネットワークをつくる。

ESDで大切にしている視点

1　どのような力を育むことを目ざしているか？

□自分で感じ・考える力
□問題の本質を見抜く力／批判的思考力
□気持ちや考えを表現する力
□多様な価値観をみとめ、尊重する力
□他者と協力してものごとを進める力
□やり方からつくり直す力
□自分が望む社会を思い描く力
□地域や国、地球の環境容量を理解する力
□自ら実践する力

2　どのような教え方・学び方を重視しているか？

□参加体験型の手法が活かされている
□現実的課題に実践的に取り組める
□継続性がある
□多様な立場・世代の人々とともに学べる
□学習者の主体性を尊重する
□人や地域の可能性を最大に活かしている
□関わる人が互いに学び合える
□ただ一つの正解をあらかじめ用意しない

3　どのような価値観をつちかう教育か？

□人間の尊厳はかけがえがない
□私たちには社会的・経済的に公正な社会をつくる責任がある
□現世代は将来世代に対する責任を持っている
□人は自然の一部である
□文化的な多様性を尊重する

『ESDがわかる[1]』より

② 政府のカウンターパートとして、市民およびＮＧＯなどが政府、地方自治体、国際機関、企業、教育関連機関とパートナーシップを組み、国内外で実質的な「持続可能な開発のための教育」を実現するための政策提言と協働実施を行なう。

③ 学校教育や社会教育、まちづくりなどを通じて持続可能な社会づくりにＮＧＯなどが参画するしくみを強化する。

④ 「ＥＳＤの一〇年」についての国際的な窓口や受け皿となる。

⑤ 国際的な政策決定プロセスに参画できるＮＧＯの人材養成

のしくみをつくる。

⑥日本のNGOが、国際機関へのプロジェクト提案と資金獲得をできるような方策を推進する。

ESDはあらゆる場でなされる教育です。学校ばかりでなく、地域や職場でも問題を解決する力量が求められます。さまざまな問題を見いだし、協働して解決することができるようにしていくことが、ESDであるともいえるでしょう。その際、人びとの参加をいかにはかっていくかが重要になります。

各地でのキックオフミーティングをへて、地域の担い手との連携がすすんでいます。環境省「ESDの一〇年促進事業」全国事務局を受託し、二〇〇六年度に一〇地域、さらに二〇〇七年度には四地域でもとりくまれる具体的なESD事業へのサポートをしています。また環境教育や福祉教育、人権教育、平和教育など、さまざまな地球規模や地域の課題へのとりくみにあたり、それらの領域を横断する共通エッセンスを探るESDシナリオづくりプロジェクト」から発展して、分野連携ワークショップが進行しています。

「ESDで大切にしている視点」にあるように、すすめ方そのものが、皆にひらかれていて、より主体的な参加をうながすものであることが鍵になります。

環太平洋国際会議は一過性のものではなく、時間と空間を共有する場づくりが運営にあたってもなされていました。その中身もあたらしい教育改革として欧米のものを模範にすることが多いなか、アジア太平洋という現場からの発言は貴重です。ESD-Jでも三年間（二〇〇六-二〇〇八）にわたり、アジア六カ国の六つのNGOと協働でのAGEPP（Asia Good ESD Practice Project）というプロジェクトもすすめています[(2)]。

今回、焦点があてられた自然と人間とのいとなみは、生態系が多様であるように、多様なものでした。多様であると同時に、ひとつに共振するかのような厚みがありました。フィナーレともいえる国際シンポジウムでの歌や舞踏、朗誦、語りというかたちでのあらわれも見事でした。

ESDにはさまざまな要素があります。ユネスコが一貫して推進してきている国際理解教育のさらなる発展としてESDもとらえることができるでしょう。より深い国際理解のために、文化は人びとの生活の総体であり、より広い意味では、人びとと自然とのいとなみに関する多様な価値観を足下からみていくことが基礎になるはずです。

註

（1）http://www.esd-j.org/download/

（2）http://www.agepp.net/

4　ESDの共通基礎

「参加型」で行こう！

中野　民夫

なかの　たみお
一九五七年東京生まれ。東京大学文学部卒。カリフォルニア統合学大学院（CIIS）修士課程修了。現在、会社員のかたわら、ワークショップ企画プロデューサーとしてさまざまな分野の参加型の場づくりに関わる。明治大学、立教大学院などの兼任講師。主著に『ワークショップ』（岩波新書）。

集い合い、問い合うことが力

「戦争を止めるために、何ができるのでしょう?」一九九一年一月、湾岸戦争が勃発し騒然としていたサンフランシスコで、仏教学者で社会活動家のジョアンナ・メイシーにビデオ・インタビューでこのダイレクトな質問をぶつけました。彼女はすかさず「その質問こそが出発点です。孤立しないで集い合い、問い合うことが力です」と返してくれました。「世界で起こっていることで、それぞれが見聞きしていることを持ち寄り、孤立しないで集い合い、何ができるのだろう、どうしたらいいのだろうと、問い合うこと。すぐには答えが出なくても、それが出発点になるのです」と。

その言葉に励まされるように、当時留学していたサンフランシスコ近郊のバークレイで、日本人同士で集い合うところから平和に取り組むグループが始まり、さまざまな情報を集めたり、ビデオや文集を作ったり、勉強会を重ねたり、多様な活動に展開することになりました。大変な数ヵ月だったけれども、留学中最も充実していた熱い日々になり、その後の人生にも大きな影響を与えてくれる経験になりました。[1]

「持続可能な開発のための教育」（ＥＳＤ）は、前例のない新たな試みで、一つの正解というものがあるわけでもありません。複雑に関係しあった社会の中で、さまざまな分野にまたがって模索されている壮大な実験であり、創造的な実践です。簡単に答えがない大きくて複雑な問題だからこそ、持続可能な社会を願う私たちみんなが、孤立せず、集い合い、問い合い、試行錯誤を重ねながら創り出していくことが大切なのでしょう。

「参加型の場づくり」はＥＳＤの共通基礎文法

人が集い、何かを学び合い、創造していこうとするとき、テーマだけでなく取り組むスタイルそのものも重要です。従来の講義など一方的な知識伝達のスタイルではなく、受講生や参加者が自ら主体となって参加し、さまざまな体験を通して、先生からではなくお互いから学びあうような「ワークショップ」という双方向の学びと創造のスタイルは、ここ数年で、ずいぶん一般的になってきました。環境教育や開発教育には早くから取り入れられてきた学び方です。

また、このような「参加型の場」をつくり、進行を容易にしたり促進したりする「ファシリテーター」という役割や、その「ファシリテーション」という技法にも、ビジネス、教育、行政、市民活動、ＮＧＯ、医療と、分野を超えて注目が集まり、ここ数年で関連する書籍や研修や団体が一気に増えました。

たとえば、人が集うとき、まず初めにグループ全体で輪になって座り、お互いの顔が見えるような中で、簡単な自己紹介や今の気持ちや期待などを一言ずつ話すことから始めると、場もほぐれます。また、全体の場で意見を求めてもなかなか出ない場合、さっと二〜四人くらいの少人数グループに分け、適切な問いかけをして話し合ってもらうと、意見はずっと出やすくなります。一部の人だけでなく、全員が話すことにもなり参加意識も出てきます。さらに、思いや考えを、まずはＡ４の紙などにマーカーで大きくキーワードで書いてもらい、それを見せながら話してもらうと、各人の思いの整理や、相互の理解が促進されます。

また言葉のやりとりだけでなく、気功法を応用したリラクゼーション、呼吸に意識を向ける瞑想、詩や歌の共有などで、場がずっと深まったりします。

このように「グループサイズ」と「問いかけ」をちょっと工夫し、心とからだの全体を活性化し、そこにいる一人ひとりが自ら関わりながら全体を編み上げていく参加型のプロセスをつくることを通して、「他人ごと」だった問題が「自分ごと」になり、当事者意識が育まれ、自主性や自発性が徐々に出てくるということをたくさん実感してきました。

私は、分野を超えてホリスティックな学びを目指すＥＳＤ（持続可能な開発のための教育）において、このような「参加型の場づくり」こそが、共通の基礎文法ではないかと思っています。

ＥＳＤ－Ｊ（持続可能な開発のための教育の一〇年推進会議）のＥＳＤの説明図（本書七頁）のさまざまな分野の花びらが重なった中心部分にあたる「ＥＳＤのエッセンス」の中でも、「ＥＳＤが大切にしている『学びの方法』」として、「参加体験型の手法が活かされている」「学習者の主体性を尊重する」「関わる人が互いに学び合える」「ただ一つの正解をあらかじめ用意しない」などが挙がっています。（ＥＳＤ－Ｊパンフレット、二〇〇七年一二月）

二五周年を迎えた開発教育協会（ＤＥＡＲ）発行の『開発教育二〇〇七』Vol.54も、特集「参加型開発と参加型学習」で、国際協力や開発教育の分野での「参加型」の歴史的展開や現在の学校などでの応用事例をまとめています。

取り組むべきテーマや課題は、すでにかなり出そろっています。大切なのは、さまざまなテーマや課題に取り組む方法そのものではないでしょうか。現場や学びの活動のプロセスにおいて、常に参加者を主体にした「参加型」と心とからだを総動員するホリスティックなアプローチを意識し、一方的な知識や価値観の伝達や押しつけではなく、参加者自らが関わり、体験し、学び合い、自ら考えるような場をつくり続けること。

しかし、私たちは一生懸命考えたり取り組んでいればいるほど、自分の考えにこだわったり、つい押しつけてしまっていることが多く、本当に相乗効果を生むような協働は容易ではないのも事実でしょう。

「対話《ダイアローグ》」

「人に歴史あり」で、人は一人ひとりそれぞれの生まれや育ち、環境や社会状況の中での経験を通して、自分なりの価値観や意見を形成してきます。それらは千差万別で、実に多様で、また刻々と変化しています。簡単に良いとか悪いとか決められるものでもありませんし、決める必要もないでしょう。ただ、それぞれが自分の価値観や意見に固執することで、些細なところから世界の紛争まで、さまざまな問題が起きてしまっていることも事実です。

物理学者であり多方面の探求で知られるデヴィッド・ボームは、「参加意識」や「対話《ダイアローグ》」についても深く探求していました。最近翻訳された彼の著書『ダイアローグ[2]』は、持続可能な社会づくりに不可欠な「参加」について考える上で示唆に満ちています。

「ダイアローグ（dialogue）の語源は、ギリシア語の"dialogos"で、"dia"「～を通して」と"logos"「言葉」あるいは「言葉の意味」という意味だそうです。日本語で「対話」と書くと、「二人」のイメージが強いですが、"dia"は「二つ」という意味ではなく、対話は何人の間でも可能なものなのです。

この語源から、人々の間を通って流れている「意味の流れ」という映像やイメージが生まれてくる。これは、グループ全体に一種の意味の流れが生じ、そこから何か新たな理解が現れてくる可能性を伝えている。この新たな理解は、そもそも出発点には存在しなかったものかもしれない。それは創造的なものである。このような何かの意味を共有することは、「接着剤」や「セメント」のように、人々や社会を互いにくっつける役目をはたしている。[3]

ボームの言う「対話《ダイアローグ》」は、分析を重視する「議論《ディスカッション》」が勝負や点を取ることにこだわるのとは違って、「対話では勝利を得ようとするものはいない」「対話では点を得ようとする試みも、自分独自の意見を通そうとする試みも見られない。それどころか、誰かの間違いが発見されれば、全員が得をすることになる。これは、お互いに満足のいくゲーム、と呼ばれる状況だ」というものなのです。(4)

対等な関係で「対話」を重ね、それぞれの過去の経験に基づく「想定」や「意見」を超えて、新しい共通の意味や解決策を探ろうとすることは、持続可能な社会を創っていく上で、とても重要なことです。

「対話の何よりの障害になるものは、想定や意見に固執し、それを守ろうとすることだ(5)」とボームが言うように、人は、自分の意見や想定にしがみつき、それを否定されると人格まで否定されたように感じて、感情的になったり、あるいは引いてしまったりしがちです。自分自身と自分の意見とを同一視してしまうと、なかなか率直な対話のやりとりははずみません。

このように、人間には皆、それぞれのある種の想定や意見があり、それにこだわったり守りがちだという傾向があることは、確認しておきたいと思います。その上で、どうしたらいいのでしょう。

自分の「想定」や「意見」を保留する

どんなグループにおいても、参加者は自分の想定を持ち込むものだと、ここまで述べてきた。グループが会合を続ければ、そうした想定が表面化してくる。そこで、このような想定を持ち出さず、また抑えもせずに、保留状態にすることが求められる。そうした想定を信じるのも信じないのも禁止だし、良いか悪いかの判断をしてもいけない。(6)

ここでボームは、各自の「想定を保留状態にする」ことを提案します。何かをきっかけに、自分の中に沸き起こってきた感情や思いもすべて保留状態にしてみるのです。「保留する」というのは、それぞれの想定や反応に飲み込まれるのではなく、とりあえずカッコに入れて客観視してみることでしょう。自分の心の癖や型そのものに気づくことです。こうして、それぞれの気持ちを「目の前につるしておく」ようにすると、お互いが鏡になってきて、自分だけでは気づきにくい、お互いの想定に気づいたりしてきます。

対話の目的は、物事の分析ではなく、議論に勝つことでも意見を交換することでもない。いわば、あなたの意見を目の前に揚げて、それを見ることなのである――さまざまな人の意見に耳を傾け、それを揚げて、どんな意味なのかよく見ることだ。自分たちの意見の意味がすべてわかれば、完全な同意には達しなくても、共通の内容を分かち合うようになる。ある意見が、実際にはさほど重要でないとわかるかもしれない――どれもこれも想定なのである。そしてあらゆる意見を理解できれば、別の方向へもっと創造的に動けるかもしれない。意味の認識をただ分かち合うだけということも可能だ。こうしたすべての事柄から、予告もなしに真実が現れてくる。(7)

率直に表現してやり取りする中で、特定の意見から創造的に意味がどんどん流れ、共通の意味を見出したり、思わぬ発見に展開していくことがあるというのです。では、どうやって「保留」できるのでしょう。

今ここで起こっていることに気づく「マインドフル」な意識

人はいつも自分の思考や感情とともにいて、多くの場合、それに巻き込まれているので、自分自身の思考や感情を保留し、客観視することは容易ではありません。

ベトナム出身の仏教者で、さまざまな平和活動にも関わってきたティク・ナット・ハンは、「今ここで起こっていることに、はっきりと気づくこと」が瞑想だと言います。まずは自分の中で起こっていることに、そして世界で起こっていることにはっきりと気づくこと。

瞑想は、みずからの体、感情、心、さらには世界で、何が起こっているかを、はっきりと知ることです。毎日、四万人の子どもたちが、飢餓で死んでいます。超大国が、今や五万発以上の核弾頭をそなえています。これは、私たちの惑星を何度も破壊するに足るほどのものです。一方では、日の出は美しく、今朝、壁ぎわに咲き開いたバラの花は、奇跡そのものです。人生は、とても嫌なものであるとともに、素晴らしいものです。瞑想を行うということは、この両面とかかわることです(8)。

今ここで起こっていることにはっきりと気づいている意識の状態を、ティク・ナット・ハンは、「マインドフル（mindful）」と言います。漢字で書くと、「念」で、この字は分解すると「今」の「心」です。今ここにしっかりと心を配ること。「念を入れる」というのもそこから来ているのでしょう。

この意識を育てるための最もシンプルな練習は、いつも無意識のうちにしている呼吸を、ただ意識してみることからできると言います。

息を吸ったら、「息を吸いながら私はいま息を吸っていることに気づいている」。息を吐きながら、「息を吐きながら私はいま息を吐いていることに気づいている」と、こころの中でつぶやきます。これだけの練習です。入息を入息として、出息を出息として気づいてゆきます(9)。

私たちの心や意識はいつもあちらこちらへと駆け回っていますが、こうしてありのままの息に少し意識を集中するだけで、バラバラだった心とからだがひとつになってきます。しかし、呼吸に意識を向けようとしても、つい心は何かを思い出したり、考えたりし始めます。そこで今度は、よそにそれた意識自身に気づき、自覚して受け止めてみます。それから、その想念を手放し、再び呼吸をただ意識することに戻ります。この積み重ねの中で、今ここで起こっていることへの気づき、マインドフルな意識が育ち、自分の想定や意見を保留して、カッコに入れることもできるようになるのでしょう。

ファシリテーションの「タオ」

参加者主体の参加型の場をつくり進行する「ファシリテーション」の重要性と魅力に出会うと、人はさまざまな工夫をこらしてプログラムをデザインし、ついつい詰め込みすぎにしてしまいがちです。また準備をすればするほど、本番で状況が予想外の展開をし始めても、計画にこだわってついコントロールしがちになったりするものです。なにごともやりすぎは禁物で、参加者の主体性や自発性を尊重しようというファシリテーションがやりすぎては元も子もありません。「作為的なことはできるだけ慎んで、自然な流れにまかせるのが大事」というと、老子の「無為自然」を思い出します。最近、『老子』に英語訳を通して出会った加島祥造さんという英文学者が、老子の道＝Ｔａｏの世界を伊那谷の自然の中の暮らしで深めながら、わかりやすく表現して評判になっています。彼の『老子』の自由訳から無為自然流のファシリテーションの参考になるところを引用してみましょう。

Ｔａｏの働きにつながる人は　ものの中にある自然のリズムに任せている

余計な手出しはしない　知ったかぶって気軽くきめつけたりしない(10)

私たちは物が役立つと思っているが、じつは　物の内側のからっぽな状態――
その虚《うつろ》の空間が　本当は役に立っているんだ
器は中がつまっていたら　何の役にも立ちゃしない
同じように　家は部屋という虚な空間があって　それが家の有用性なのだ(11)

最上のリーダーというものは　治めることに成功したらあとは　退いて静かにしている
すると下の人たちはそのハッピーな暮らしを　「これはおれたちが自分で作りあげたんだ」と思う
これがＴａｏの働きにもとづく政治であり　これは会社でも家庭でも同じように通じることなんだよ(12)

かつて「全国教育系ワークショップフォーラム」というさまざまなワークショップの実践家が集まる場を企画した時、全体テーマを「『教える』から『引き出す』へ」としていました。これまでの知識伝達型の教える教育から、参加者の知恵や思いや力を「引き出す」ワークショップ的な学び合いの場へ、という思いでした。しかし、あるゲストが、「ぼくは引き出すというのはあまり好きではない。ちょっと作為的な感じがするでしょ。『引き出す』というより『あふれ出す』って感じの場をどう創れるかが大事」という話をしてくれました。(13)

作為を超えて自然な流れに任せたときにあふれ出してくるもの。それこそが、あらゆるものの中に流れ、いのちを活かそうという方向で働く「タオ」の働きなのでしょう。

これまで述べてきたことをまとめると、参加型の学びの場をつくるファシリテーションは持続可能な社会をつくるためのＥＳＤに共通の基礎文法であること。そこで創造的な対話を深めるには、各自の想定や意見を一旦保留する必要があること。そのためには、自分自身の想定や反応に自覚的になるマインドフルな意識が必要なこと。そして分断化を超えてホリスティックなタオに基づくいのちの大きな流れをあふれ出させるには、無為自然流のファシリテーションが必要なこと。このようなことが、持続可能な社会づくりへの、ホリスティックなアプローチの共通の文化になれば、と思います。

註

（1）詳しくは、中野民夫（二〇〇一）『ワークショップ』岩波新書、六八－七二頁
（2）デイビッド・ボーム（二〇〇七）『ダイアローグ』金井真弓訳、英治出版
（3）同、四四頁
（4）同、四五－四六頁
（5）同、四頁
（6）同、六八頁
（7）同、七九頁
（8）ティク・ナット・ハン（一九九九）『仏の教え　ビーイングピース』棚橋一晃訳、中公文庫、九－一〇頁
（9）ティク・ナット・ハン（一九九五）『微笑を生きる』池田久代訳、春秋社、九頁
（10）加島祥造（二〇〇五）『エッセンシャル　タオ』講談社、一七頁
（11）同、二八頁
（12）同、三七頁
（13）詳しくは、中野民夫（二〇〇三）『ファシリテーション革命』岩波アクティブ新書、一八一頁

COLUMN

ESDとシュタイナー教育

日本のシュタイナー学校の事例から

佐藤《さとう》　雅史《まさし》

一九六一年東京生。シュタイナー学校運営者連絡会メンバー。人智学・アントロポゾフィーを広く社会に紹介するフォーラム・スリーで企画・編集を担当。横浜の幼児と母親の学びの場、竹の子の会教師。http://www.forum3.com/

環太平洋国際シンポジウムでは、ESDの根底を支えるファクターとして文化の領域に焦点が当てられました。今回、「ESDとシュタイナー教育」というテーマをいただき、ヴァルドルフ教育（シュタイナー教育）のなかで文化的な要素と人・環境・社会の要素とがどのように結びついていくのかをあらためて考えました。その作業のなかで、日本のヴァルドルフ学校ではどのような実践が実際に行われているのだろうという関心が湧いてきました。そこで、何校かの先生や事務局スタッフにお話をうかがいました。

北海道南部の風光明媚な観光拠点、伊達市にあるNPO法人シュタイナースクールいずみの学校のはやしれい先生の実践は、人・環境・社会のつながりへの明確なビジョンに貫かれていました。「周りの世界を知ることで自分自身を知る」。そのようなヴァルドルフ教育のあり方がESDの考え方とつながっているとれい先生は前置きされ、ご自身の実践を語って下さいました。まずはそのお話を手がかりに、「ESDとシュタイナー教育」について考えてみたいと思います。

いずみの学校、はやしれい先生の授業の場合

私のクラスの子どもたちは、低学年の時期から周りの世界に触れる体験を積み重ねてきています。三年生の頃には生活科の授業で乳牛の乳搾りに行ったり、漁船に乗ったりしています。子どもたちは、漁師さんの仕事が山につながり、酪農にもつながり、そのすべてを妖精がつないでいるような絵を描いたりしました。まだ言葉にできなくても、人の営みも環境もすべてがつながっているというイメージを子どもたちはもつことができると思います。

子どもたちが大きくなるにつれ、授業の内容も具体的になっていきます。四年生の地理の授業では、一本の川の源流から海にたどり着くまでを歩いてみました（すべては歩けなかったので車も使いました）。その経験を踏まえながら、五年生の日本地理では山の森と川と海がつながっていることを学びました。「森は海の恋人」と言う、宮城県気仙沼湾の畠山重篤さんという方の話をしたのです。彼は牡蠣の養殖を生業

としているのですが、牡蠣の収量が減っておかしいと思っていたら、山から木がなくなっていた。彼は苗木をもって川の上流へ行き、「いま、こういうことが起きているんだ。一緒に苗を植えよう」と、一戸一戸のドアを叩いて歩いた。農家では農薬による汚染について語った。工場に行って排水による汚染の対策を訴えた。民家では合成洗剤の問題に目を向けてもらった。そして、本当に町ぐるみで植林の活動が始まったのですね。

いずみの学校　左：植林後の草刈り　右：苗を植える

六年生になると、利率計算などを中心とした経済学を学びます。その学びの後、学校の秋祭で、自分たちの作った絵はがきを売ったり、体育で古代オリンピック競技を行ったときに食べた古代ギリシャ料理をつくって販売し、そこからあがった利益を使って植樹を行いました。木を植える土地が見つからなくて探していたら、室蘭のイタンキ浜というところで漁師さんたちがやっている「お魚増やす植樹運動」に出会いました。このような授業ができたのも、そんな活動をされている人たちがいたおかげです。

有機性が授業のいのち

ご覧いただいたれい先生の実践は一例であって、実際にはそれぞれの学校や先生ごとにユニークな実践があるわけですが、ヴァルドルフ教育のもつESD的な性格の一端を読み取っていただけたと思います。

ヴァルドルフ教育の特徴は、カリキュラムや授業方法における有機性の重視です。つまり、ひとつの学びが断片的な知識の集合にならない配慮があり、それらの学びと学びの間にも内的なつながりがあるということです。ESDの根底に文化という基盤を見出そうとするのであれば、学びにおける有機性は最も重視すべき要素ではないでしょうか。その有機性はひとつの軸で捉えることができないような、多層的な広がりを有しているはずです。試みにヴァルドルフ教育の実践からそれを整理してみると……、

① 幼児期から思春期に至るまでの成長のプロセスに即応する学びの有機性

②イメージ・体験・芸術的な再創造のプロセスが循環する生き生きとした授業形成
③教科という括りに妨げられない総合的で柔軟なカリキュラムづくり
④観念的な要素と事実に基づく要素の有機的な結びつき
⑤子どもを世界の傍観者にさせない、よい意味での人間中心主義
⑥文化の多様性、個性の多様性への指向
⑦宗教的な感情を通した学びを否定せず、合理精神と超越的なものの受容が両立

等々が挙げられると思います。具体的には……、

幼稚園においてはライゲン（輪をつくって行う歌や身振りによる遊戯活動）やパンづくりなどを通して、子どもたちは四季折々の自然や人の営みを夢のようなイメージのなかで体験します。それは知識ではなく、無意識のなかで子どもの生の質的な土台をかたちづくります。小学生低学年から中学年にかけては、れい先生の実践に見るとおり、先生の語る物語やたくさんの絵を描くことなどを通し、生き生きした感情に浸透されたイメージによって世界とつながっていきます。やがて思春期に差し掛かった子どもたちは、抽象的な思考作業を通して自らの本質と世界の本質との出会いを体験します。

このような段階を追ったプロセスを通して、最初は家族という単位の共同体への愛情を、次に国家・民族という単位の共同体への愛情を、そして最後には世界や人類への愛情を、子どもたちはバランスよく育んでいくことになります。それらは先生が語るイメージ豊かなストーリーによってリードされ、教室の内外で用意される実体験によって個人的なものとなり、その体験を文章や造形・絵画などの作品へと仕上げていく行為によって自分が受けとったものを世界に返していく、そのような循環的なプロセスを辿ります。

利己主義から経済を救済する視点

ヴァルドルフ教育に特徴的なエポック授業という授業スタイルでは、地理、自然科学、算数、経済、作文、音楽、絵画、造型などが総合的に用いられた、教科という枠組みにとらわれない立体的な取り組みが行われています。とくにESDとの関連では、ヴァルドルフ教育のユニークな経済の授業は農や環境に関わるエポック以上に注目に値すると思います。

六年生で行われる、利益、割引率、利息などの計算は、数学的な学びの意味合いとともに、子どもたちの関心を経済活動に結びつけることが意図されています。子どもたちがこの時期に利益や利息について学ぶことには大きな意味が存在しています。なぜなら、まだ個我がまどろんでいる思春期以前に利潤や利息を学んだ場合、その概念が子どものなかで利己

主義的な欲求と結びつく度合いが、思春期以後に学ぶ場合よりはるかに小さく抑えられるからです。

このように、事実の学びと観念的な学びがひとつになることが、ヴァルドルフ教育のESD的な性格を強固なものにしているると言えるでしょう。環境問題が経済問題と裏表の関係であることを考えれば、この観点は広く検討されていく価値があるのではないでしょうか（なお、経済という視点以外にも、射影幾何学の学びと環境教育との関係について、教育におけるスピリチュアリティの視点から本ライブラリーの六巻『持続可能な教育社会をつくる』に寄稿させていただきましたので、ご一読いただければ幸いです）。

事実の学びにおいては体験とイメージと再創造によって、観念的な学びにおいては内的な思考作業を通して、子どもたちは学んだ内容の当事者として事柄に関わります。人が存在するがゆえに引き起こされる環境問題と向き合うためには、自らと世界の関係性において環境を学ぶこのような教育が不可欠なのです。

大きな実習のウェイトとそれを支えるもの

以上のような指向性をもつヴァルドルフ学校では、実習や研修などの機会も自ずと多くなる傾向にあります。

NPO法人京田辺シュタイナー学校では、ちょうど九年生が農業実習を行っているところでした。実習先は三重県の「伊賀の里モクモク手づくりファーム」。ウィンナソーセージの手づくり体験による地域興しから始まったファクトリー・ファームで、生徒たちはグループに分かれ、牛の世話、野菜畑の手入れ、柿の収穫、おかず工房での調理加工、レストランや販売など、生産の現場から消費者との接点までを体験していました。生産から加工、消費までの全行程を一望に見渡せる体験です。

「九年生は現代の日本の問題に触れていく年代。食という身近な切り口を通して、農薬の問題や輸入食品への依存という、環境問題と直結

京田辺シュタイナー学校　右：レストランでお客さんを案内する
左：ミニ牧場で観光客に牛の乳絞りをさせてあげる

シュタイナー学園３年生の米づくり授業

する内容にも関わることになります」と、担任の内海真理子先生はおっしゃっていました。

学校法人シュタイナー学園のある神奈川県では現在、県をあげて稲作の実習を学校教育に取り入れることを推進しているそうです。その実施状況を見ると、半日ないしは一日程度を実習に割り当てている学校が多いなか、学校法人シュタイナー学園では有給の指導員が延べ一〇日間の時間をまるまる稲作指導に割いているとのこと。全体のカリキュラムを柔軟に設定できる自主学校のメリットがうかがえます。

公的な助成を受けられない学校がほとんどの日本のヴァルドルフ学校は、財政的にも決して豊かではありません。それでも実習や研修が充実しているのは、親御さんたちのこの教育への理解と熱意があってのことだと思います。ヴァルドルフ学校に限らず、ＥＳＤとの多様な取り組みが広がっていくためには、意欲をもった取り組みが容易に公的な認可や助成を受けられるような柔軟な社会的枠組みの整備が課題だと思います。

おわりに

以上、足早に「ＥＳＤとシュタイナー教育」の関係を見てきました。この作業を通して、私はサステイナブルという概念自体が生成発展していく有機的な生き物だとあらためて感じました。子どもが幼児から児童、青年期という道を通らずには成人できないように、サステイナブルという言葉が示す内容も、人や社会の成熟に従ってダイナミックに変化していくのでしょう。その言葉を健やかに成長させていく畑である文化の営み、それが学校という場ではないでしょうか。

ご協力
はやしれいさん（ＮＰＯ法人シュタイナースクールいずみの学校）
内海真理子さん（ＮＰＯ法人京田辺シュタイナー学校）
佐藤鉄郎さん（学校法人シュタイナー学園）

5　「聴くこと」を通した学びとホリスティック教育

国際シンポジウムでの歌を体験して

横田　和子

よこた　かずこ
音やからだを手がかりに国際理解教育の再考を試みている。またモンゴルの楽器、馬頭琴の奏者として、朝日カルチャーセンターで講師も勤める。著書『はじめての馬頭琴』（セイヨーコーポレーション）等。

共鳴するローカルな響き

国際シンポジウムの数日前、私は札幌で行われた、モンゴル、アイルランド、アイヌ、アンデス、中国などのさまざまな音楽が混淆する『トラディッショナル・ミュージック・フェスティバル』というコンサートに行ってきたばかりでした。コンサートには、地域の多様な伝統的な民族音楽をモチーフに、それらに互いに敬意を払いつつ、自ら新たな価値を創造しようとする音楽家が多数出演していました。伝統的な楽器の多くは、生まれた地域の気候や風土に強く左右されます。私自身、モンゴルの伝統楽器「馬頭琴」を演奏することから、楽器が本来生まれた土地とは異なる風土での演奏や、ジャンルの異なる楽器との演奏にはさまざまな困難がつき物であることを、日々実感しています。ですからこのようなコンサートでは、個性の強いそれぞれの地域の音楽をひとつの舞台に見せることに、多くの葛藤が伴うことが予想できます。けれども、それらを乗り越えて、それぞれのローカルな土地の響きが、ひとつの舞台で響きあうことに、観客として深い感慨を覚えました。

国際シンポジウムに参加している間、私は、教育関係のシンポジウムに参加しているというよりは、前述のコンサートの続きにきているような感覚に包まれていました。地球上のあちこちに散らばっているささやかな声が、ひとつの場所で共鳴しあう心地よさは、音楽とよく似ていました。

多文化共生と身体

南太平洋大学のターマンさんが歌を歌い、踊りだしたとき、会場の雰囲気が一気にほぐれました。通訳のイヤフォンを通して、ことばの意味自体は、参加者にも届いていましたが、歌は、ことばの意味はわからなくても、別の身体感覚に直接メッセージを届けるようです。ターマンさんに触発されて、歌や踊りを自分の報告に織り交ぜた報告者もいたのではないでしょうか。報告者の方々は皆、なにげなく歌や踊りを報告に織り交ぜ、なにげなく話に戻ります。話と歌や踊りは、地続きのものでした。もちろん、彼らはプロの歌手でもダンサーでも詩人でもありません。けれども、それゆえに意味があり、聴衆もまた、リラックスさせられてしまう。そこには、その場にいる参加者の身体を共鳴へと導く見えない装置のようなものが働いていたように思います。彼らの歌から伝わってくるのは、自己表現とは別の、むしろ歌うことで逆に静けさを聞き取ったり、他者の存在を聞き取ったりすること、あるいは時間をわかちあうことの大切さでした。自分の身体を媒介に、土地の声、過去の声を、未来に伝える。そのためには、歌や踊りのほうが、ことばよりも力を持つこともあります。もちろん、それはことばが不要であるということではなく、歌や踊りのメッセージを受け取るためには、むしろより一層、ことばを鍛えあげていく必要がある、ということですが、歌や踊り

シンポジウムで踊りを披露するターマン氏

にはとりあえず、ことばも歌も踊りも、私たちの身体を媒介にしてやりとりされているという、あたりまえすぎる事実に対して自覚を促す機能がありそうです。

音を通した気づき

映画『地球交響曲　第六番』[1]の中で、ピアニストのケリー・ヨストさんは、"not perform, but reveal"というセリフを残しています。"perform"によって自分を表現するのではなく、"reveal"によって、内側から何かが引き出されることが、彼女にとっての音楽の力のようです。彼女は、「弾いているのは私ではない」という感覚を大事にされています。そして次のように語っています。音楽の中に潜んでいる、「作曲家や演奏者をはるかに越えた霊的な本質、光にも似た偉大なる力」を引き出し、「その光の中に溶け込み、自分を消し去ること。それが私の目指す理想の演奏なのです[2]」。

〈not perform, but reveal〉という感覚は、今日の日本の教育の現状を考える上でも示唆に富むものではないでしょうか。パフォーマンスを上げることについては教えても、内側から引き出されるもの、気づきに対しての学びというものは、時間もかかり、評価も一様でありません。そのため、隅っこに追いやられているような気がします。けれども、だからこそ時間をかけて気づきを獲得していく素材として、アートというアプローチはすぐれているのではないでしょうか。たとえば、音や音楽と向き合うということは、自己の技術や表現能力を伸ばせば事足りるというものではありません。むしろ、自己の存在、あるいは他者の存在（パートナーやグループ）に耳を澄ますこと、また周囲の環境（お客さんや環境、あるいは今ここにいない人も含めて）について、想いをめぐらすこと、あるいはその困難さを、ことばではなく、身体的にわかるということが必要になってきます。そしてそのための教育は、既存の音楽教育のように、個人がその能力を伸ばすことや、専門家を育成すること、すでに特権化された芸術についての知識や高度な技術を獲得することを目指すのではなく、その場や時間を他者と共有することに意味を見出していくスタイルになります。ただし、〈調和した・しない〉というのは、個人の感覚によるものであり、絶対的な基準はありません。教育の現場で、効率や結果の重視ということにとらわれ過ぎると、「調和しない」状態が、重んじられるどころか、なかったことにされる、そのようなことすら起こりがちです。しかし、ホリスティックな価値観にもとづく学びにおいては、安易に「調和」というゴールにたどりつくよりも、むしろ「調和しない」感覚について経験することが、大きな意味を持つことになります。

音楽文化論の小沼純一さんは、「音楽をとおして学ぶ——そういうことができるのではないでしょうか。ひとの話を聴く、ひとがそこにいること、黙っていることを耳で感じる。そういうことさえも可能だということです。音楽を聴いているとき、休止や沈黙だって、ひとつの『あるもの』として感じている。そうしたことを、生活のなかでも、応用できるのではないでしょうか」と述べ、哲学者の鷲田清一のいう「臨床哲学」ということばを引きながら、『聴く』という行為のもっている「潜在的な広さと深さ」について触れています。[3] 私たちは、音楽の時間に唱歌を歌いリコーダーの指使いを習い、モーツァルトを聴いたかもしれないけれど、「聴く」という行為そのものについて、学んだことはなかったのではないでしょうか。そのような、「聴くこと」を通し、従来の音楽教育とは違う枠組みで、音や音楽についての深い気づきを獲得するためには、マリー・シェーファーの「サウンドスケープ」の理論、[4] 作曲家の野村誠[5] の取り組みなどが参考になります。

シェーファーは「ハイファイなサウンドスケープ」、すなわち、「環境騒音レベルが低く、個々の音がはっきり聞き取れるサウンドスケープ」について、次のように述べています。「田舎は一般的に都市よりハイファイであり、夜は昼より、古代は現代よりハイファイである…（中略）…ハイファイなサウンドスケープでは周囲が静かなため、ちょうど田舎で遠くまで見渡せるように、聞き手は遥か遠くの音まで聴くことができる。都市は、このように遠くのものをきき、（そして見る）という能力を失っており、このことは、知覚の歴史における重要な変化のひとつを印している」[6]。このようなシェーファーの指摘は、改めて、今回のシンポジウムが、東京という都市にいながらにして、遠くの小さな音に耳を澄ませようとする試みであることを気づかせてくれます。

また、動物やお年寄りたちなど、あらゆる人々と共同作曲を実践する野村誠の音楽は、臨床音楽、と呼んでもいいのかもしれません。医者が個人のからだを治すように、アートのもつ力が、その場やその時間を変容させていく、そのプロセスそのものを味わうことの喜びを、彼の音楽は伝えています。

「聴くこと」を通した学び

こうした「聴くこと」の学びは、音楽だけに課された課題ではなく、教育全体が扱うべき、身体の課題だと思います。シンポジウムの最後に、永田佳之さんが、ハープの弦について触れながら、これからのホリスティック教育のイメージを語っていたのは、象徴的でした[7]。ハープの弦はそれぞれバラバラなテンションを保っているけれども、そこからは調和が生まれます。均一なものが調和しているのではなく、それぞれが独自性を保ちながら調和している状態というのは、ＥＳＤのイメージと重なります。

私たちは普段、なかなか南太平洋やブータンのオルタナティブな教育について学ぶ機会はありません。それぞれの地域で、それぞれの教育がバラバラに行われているようにも思えます。ですが、実際に報告を聞いてみると、初めて知る内容であるはずなのに、どこかで懐かしい気持ちが起こってきます。それは、それぞれの地域の取り組みのなかに、同じような発想のパターンが感じられるからです。それぞれの地域の事情を専門的に考えていけばいくほど、同時に他者、他の地域への関心も高まっていく、そのように学び手を導く場として、ホリスティック教育が担うべき役割は小さくないはずです。

註

（1）龍村仁監督、二〇〇六年公開。
（2）同映画パンフレットより。
（3）小沼純一（二〇〇〇）『サウンド・エシックス／これからの「音楽文化論」入門』平凡社、二七二頁。
（4）カナダの作曲家マリー・シェーファーの提唱した概念。その内容は音の風景をデザインすることで音環境をよくすること、同時に耳を澄まし自己の感覚を目覚めさせることを目指している。
（5）作曲家、共同作曲実践家。
（6）マリー・シェーファー（一九八六）『世界の調律／サウンドスケープとは何か』鳥越けい子ほか訳、平凡社、一〇九―一一〇頁。
（7）ハープに喩えた創造的テンションと破壊的テンションについては、永田佳之（二〇〇一）「現代アジアにおける創造的テンションの創造／タイの『子ども村学園』」『教育学年報8　子ども問題』藤田英典ほか編著、世織書房、二七四―二八〇頁を参照。

COLUMN

中学校のすべての教科で取り組んだESD

竹村《たけむら》　景生《かげき》
奈良教育大学附属中学校教員。奈良県生まれ。よりホリスティックなESDを、どう現場で展開すればいいのか。水系という枠組みの中で、霊性への感受に誘われる「生成の教育」の創出を模索しています。

ESDによる本校の「教科」の読み直し

ESDとは、過去と現在と未来をつなぐ「いのちのリレー」に私たち一人ひとりが主体的に参画することと言えます。持続可能な社会や文化とは、ちがいや弱さを包み込む柔らかさや、隙間が大切にされ、「いのち」が育まれる場所だとも言われます。そして、そのことも人間そのものの存在を許す自然の持続性が保障されて初めて成なり立つことでもあります。従来の本校の実践の基盤の上に、ESDに向けた教育課程の見直し作業を、一〇年間の長期の研究課題としてユネスコ協同学校への参画と共に模索していきたいと思います。

私たちが積み上げてきた教科ならびに総合の取り組みを、ESDのどこに位置づければよいのか。または、ESDの文脈にどのように翻訳していけばよいのか。各教科が取り組んだESDへの読み直し作業で、指針として参照したのが以下に示した「ESD　意識したい三つの実践の枠組み」です。

ESD　意識したい三つの実践の枠組み

◎学び方・教え方の枠組み：参加型学習、合意形成

ⅰ．関心の喚起　ⅱ．理解の深化　ⅲ．参加する態度や問題解決能力の育成　ⅳ．具体的な行動を促す

◎育みたい技能の枠組み：多面的な見方、コミュニケーション力

ⅰ．問題や現象の背景を理解する能力　ⅱ．総合的思考力　統合的に考える力、構想力　ⅲ．代替的思考力＝批判的思考力　ⅳ．創造力

◎育みたい価値観（持続的な開発に関する価値）の枠組み：人間の尊厳、共生

ⅰ．人間の尊厳の尊重　ⅱ．多様性の尊重　ⅲ．非排他性　ⅳ．機会の均等　ⅴ．環境の尊重

この指針のもとに、教科割りの強い中学校で、全ての教科がESDという共通テーマに取り組みました。その一端を紹介します。

【国語科】

国語科ではESDを支える言葉の力を育成する学習指導の事例を取り上げています。教科書内容として上記に示した「持続可能な開発」に直接関わる題材もありますが、それだけにとどまらず「育みたい技能の枠組み」と照らし合わせて、国語科が特に重視したい言葉の力として三点に示して実践の読み直しをおこなっています。

①多面的、総合的に物事を見て、考えを深める力。
②情報を収集、吟味し、活用する力。
③他者とのコミュニケーション力を行う力。

新聞記事をもとに生徒の手で題材を選び、仲間と「読む・話す・聞く・書く」という協同的な活動を経て考えたことで、現代社会の話題と向き合って自分の意見を形成し、深化させていくことが企図されています。国語科のESDへのアプローチは、以下に述べるすべての教科のコアになる言葉の力となっていることは説明するまでもありません。

【社会科】

社会科では、世界遺産教育という視座からのESDへの読み直しが試みられています。この世界遺産教育という切り口から、社会科で取り組まれてきた「地理的分野」・「歴史的分野」・「公民的分野」の学んだ知識が再構成され、学ぶ力、学ぼうとする力へのつながりをみせてくれます。それは、奈良教育大学の田渕五十生教授が提案する四つの視点（「世界遺産教育の意義と可能性」）によって示唆されています。

①歴史教育の視点
②国際理解・異文化理解教育の視点
③平和・人権教育の視点
④環境教育の視点

【数学科】

数学科が目指す、数学的リテラシーとは次のような能力を養います。

①多様さの中から形式を抽出する
②限定された方法を使ってそれを表現する
③形式に従って問題解決を行う
④問題解決の手段や結果を時代や地域を越えて他者と共有する

たとえば、時代や地域が異なる二つの現象に対して、数学的に分析して（数学的構造を発見し）結果をわかりやすく論理的に伝え、分析結果を他者と共有する活動が求められたりします。数学とは何も数学的な見かけの問題群だけではなく、日常生活における問題解決の手段としても使われているのだという体験は大切にしたいESDの視点といえます。

たとえば、数学科の卒業レポートとしての「なぜ数学を学ぶのか？」の実践は、三年間の授業ノートの「メモ欄」の活用や授業での「問い」の立て方を指導する中で育んできた「メタ認知」の獲得が背景にあります。また、ここでの学びでは自然界の創造力と出会う機会にもなります。フィボナッチ数列や無限の問題に格闘する中で体験したスピリチュアルな直観は、自然と自己のとの関係における生き生きとした感情を獲得させるものとなります。

【理科】

理科では、主に自然学習・環境学習の本校での取り組みの移り変わりを振り返り、ESDの視点からの読み直しが行われています。たとえば、WWF（世界自然保護基金）日本委員会の教材「野生生物の恵み？」を使った授業実践は、その教材のねらいとして

① 持続可能な野生生物との関わりとは何かを学ぶ。
② 自分とは異なるさまざまな意見を尊重しつつ、合意形成するプロセスを体験させる。

が挙げられています。ESDを意識したコミュニケーションスキルであると共に、①ではジレンマ・ディスカッションも取り入れ環境倫理に踏み込んだ教材といえます。

本校理科の取り組みとして、臨海学習があります。三重県の答志島で滞在し、無人島「浮島」に渡り岩礁での生物の観察研究に取り組むと共に、漁家を訪問して「海の環境の変化」についての聞き取り調査も行っています。それらは、臨海文集として四半世紀にわたって取り組まれ蓄積されているもので、答志の生業や民俗のフィールドワークと含め小さな「語りの共同体としての『エコミュージアム』」の形をなしています。また、教科外活動ではあるが本校裏山の里山林の保全活動も裏山クラブによって日常的に取り組まれています。

【英語科】

英語科では、ESDの理念の実現が地球市民としての価値観の形成にあることもあって、昨今の教材自体が「環境問題」や「貧困や人権」「平和」「多文化共生」を扱ったESDに沿う内容であったりします。それだけに、英語科が「指

導要領」におけるESDとの重なりという大枠を示し、次に「教科書」の吟味からESDに関わるテーマを分類し、それを年間計画に編み直し、本時案へと具体化していく提案のプロセスは、英語科だけにとどまらず、他教科をESDの視点で編み直していく方法論として参考になると考えます。英語科がESDの枠組みの中で示した提案は以下の通りです。

① 環境、人権、戦争などについて他の人々や国々の現状について知ると共に、それらを改善する手だてを模索させる。

② 異文化間でのコミュニケーションへの興味関心を喚起し、他者から情報を得るだけでなく、自ら英語を使って発信させる。

③ 三年間の学習の中で、上記二つの点を系統的、重点的に時間配当し、生徒たちの関心を維持、発展させるなかで、持続可能な社会の形成の優位性を学ばせる。

【音楽科】

音楽科は、サウンドスケープの取り組みをESDの視点から見直す内容となっています。環境音という素材はいかにもESDへの関心を引き寄せてやまない魅力があります。自然音に聞き入ることによって「音の氾濫」に気付かせる試みや、自分の心地よい音を選んでいく活動は、子どもたちにサステイナブルなライフスタイル（音楽のある生活）とは何かを考えさせるよい機会になると考えます。

【美術科】

美術科では、鑑賞についてESDの視点からの提案がなされています。鑑賞というテーマは、美の多様性を理解する活動として位置づけられ、自分自身の好みや先入観だけで芸術作品を判断しないこと、じっくりと対象に向き合ってこそ出会える真実の価値をESDの価値と重ね合わせて提案されています。

【保健体育科】

保健体育科は、ESDを通じて育みたい価値観をもとに、これまでの実践例の振り返りが行われています

① 人間の尊重：サッカーの授業における自己を伸ばす自己評価・他者評価

② 多様性の尊重・非排他性：「動けない・動かない・楽しめない」から「ボールと気持ちのつながるバレーボールへ」

③ 機会の均等：これについては一致性が見出しにくい。

④ 環境の尊重：保健的分野「健康と環境」

【技術・家庭科】

技術科、家庭科共に、英語科同様に指導要領から本事案へのESDの読み直しを提案しています。両教科ともESDそのものがテーマとなる教科だけに、その単元ごとの強調点と他のテーマとのつながりやひろがりへの配慮が要請されてくるように思えます。

たとえば技術科での「情報とコンピュータ領域におけるESDの取り組み」は、ESDの主要テーマの「⑩ 情報通信技術（ICT：Information and Communication Technologies）」にも示されているとおりです。家庭科での「ジェンダーについて考える」は、ESDの主要テーマの② 男女平等、⑥ 人権 に示された内容と連動しています。

教科の壁を越える試み
——従来からの実践の基盤のうえで

これらのESDに照らし合わせた教科の読み直し作業の結果は、各教科部会での検討と教科委員会（教科代表と研推部で構成）のさまざまな意見交流の積み上げの中から提案されてきたものです。ここでは教科を中心に報告としましたが、現在中学版ESDカレンダーの作成に各教科が当たっています。

中学校では「教科の壁があってなかなかESDは難しい」「何から初めていいのかわからない」という声が私たちにも届きます。大切なことは、今行っている実践にさらに何か新たな取り組みを加えていこう、つくっていこうと身構えないことです。その意味で、ESDへの転換ではなく、従来の実践の延長上に位置づけたESDへの展開と私たちは考えます。まずは各教科が集まってESDについて何ができるのか？を語り合うことから始めることではないでしょうか。また、一つの教科が「こんなことをやってみようと思うんだけど」と手を挙げ、ささやかな同僚研修のレベルから始めることではないでしょうか。そして、できればその授業をビデオに残して校内研修の素材として各教科持ち回りで三〇～四五分程度の検討会をA４で一枚程度のレジュメで無理なく持続的に行っていくことをお奨めします。

本稿は〇七年度の研究集録より抜粋改変したものです。

詳細（こちらから、集録を見ていただくことができます）
http://dspace.nara-edu.ac.jp:8080/dspace/handle/10105/311

6　実効性あるＥＳＤを実現するために

生態系と文化の視点から

飯島　眞

いいじま　まこと
越谷県立富士中学校勤務。東京大学大学院博士課程在学中。専門分野はＥＳＤおよび保全生態学で、北海道根室市から沖縄県ヤンバルに至る数ヶ所のフィールドで絶滅危惧生物の保護の研究を行っている。また、フィンランド・ロシアなど海外との国際交流・共同研究にも力を入れている。

環境教育（ＥＥ）からＥＳＤへ　――その問題点と課題

総合的な学習の時間の取り組みが始まってからしばらくの間は、ＥＳＤの前身となる環境教育ＥＥ（Environmental Education）の取り組みが、一時、全国に急速に広がった時期がありました。その頃は、具体的にどんな事例があるのか日本中の学校が模索していた時期でもあり、私も多くの実践事例集を出版しました。その後、総合的な学習の時間の解釈枠が広がり多様化する中で、環境教育に取り組む学校はしだいに減少傾向となりました。大半の学校は、文部科学省がかつて〝例示〟した「総合の四つの柱」の一つだった環境教育が、いまや〝無理してまでしなくてもよい教育〟という誤った認識を持つ方向に転換しているように私は捉えています。もちろん、学習指導要領には大まかな指針が示されていて、それを行うようにと書かれているわけですから、それは間違った解釈なわけですが、はたして、環境教育の衰退の本当の原因は何だったのでしょうか。その最も大きな原因の一つと考えられるのが、教師が実践するための学齢と分野・系統に応じて綿密にまとめられた具体的な指導指針が無いことであり、もう一つは、各学年で何時間教えればよいかといった時間配分の指示がなかったことではないかと考えています。つまりシラバスも無ければカリキュラムの時間配分も、そして、教科書も無い中で、多くの教師たちがもがき苦しんでいたというのが実情でしょう。そのような中で、環境教育が十分な成果を挙げることができないままにＥＳＤ（Education for Sustainable Development）に移行してきたといえるかもしれません。

科学に基づくＥＳＤを実現するために

ＥＥ（環境教育）からＥＳＤ（持続可能な開発のための教育）へと移行する中で、最近、非常に気になることがあります。それは、ＥＳＤが人権・文化・平和・民族など社会的な問題を包含した巨大なカテゴリーの集団に拡大する中で、地球環境問題の解決という人類共通の問題に対する取り組みが少し疎かになっているのではないか、というものです。地球環境問題は、言うまでもなく人類最大の課題であり、非常に緊急性の高い問題です。それは安易に取り組んでも決して具体的な効果の上がるものではないことは疑う余地がありません。そして、それを教育に取り込むためには科学的で専門的な知識が必要となります。そのため、残念なことですが、今まで多くの学校で十分な科学的な根拠を持たない、いわば実効性の無い環境教育が行われてきました。もっとも代表的な事例の一つがビオトープの取り組みで、ビオトープとは、本来その土地の生態系に存在する〝生命の住みか〟を作ることが目的ですが、ほとんどの学校では家庭菜園のように作物や草花を植えたり、たとえ、森の復元の意図は多少踏まえていても、どこかで栽培された野生植物を思いつくままに植えてみたりと、本来の目的から大きく離れたものとなっていました。

「学校の森」の取り組みが示すもの　――生態系と文化をホリスティックに捉える

環太平洋国際シンポジウムの中で発表された「学校の森」の取り組みは、著名な生態学者である宮脇昭先生の立案による〝科学に基づく森作り〟であり、極めて実効性の高いものとして評価できるものです。これは、私自身、東京大学で生態系の保全について研究する一人の人間として極めて大きなインパクトを受けました。そして、もう一つ重要なことは、普通は社会的な側面から捉えられる〝文化〟というものが、人類の長い歴史の中で、自然生態系とそこで暮らす人間の活動との相互作用によって形成されてきたという事実です。私たちが普段接する生態系の多くは、人が持続的に関わりつづけ、人と自然が織り成す絶妙のハーモニーとも言える里山というかたちで存在しているものです。

そこで、自然生態系を教育の場で復元すると同時に、その生態系と関わりながら、それを壊し尽くすことなく、そこで暮らし生き続けてきた人々特有の文化を学び保存することが重要ではないかとわたしは考えています。そこには、自然生態系と関わりながら、それを維持し続けるＳＤ（持続可能な開発：Sustainable Development）を実現するための大きなヒントが隠されていることを十分に認識することが必要でしょう。それは正にホリスティックな教育の一つの姿といえると思います。

生態系の保全と文化の多様性の保全　――各地の先住民俗の文化の保全の重要さ

国際会議では、環太平洋地域を中心に、各地の先住民族の文化の紹介と保全についての議論がなされました。そして、多くの地域で先住民族の文化が危機に陥っており、それらをどのようにして保全したらよいかという点についてさまざまな提案がなされました。

ところで、さまざまな生態系の保全はなぜ必要なのでしょうか。山を切り開き将来木材となる杉やヒノキを植えた方が地球温暖化には良さそうに思います。しかし、それを理解するには地球生態系そのものが持つ重要な特性を理解しなければなりません。それは複雑性の持つ強靭さというものです。自然の森にはさまざまな種（Species）があり、それぞれの種の中にも遺伝的な多様性が存在します。これらは自然環境に対する特性が少しずつ異なるため、なんらかの環境変動が起こった場合に、あるものは死滅しても必ず別のものが生き残って森を維持するというしくみを持っています。

人類も同じで、さまざまな特性を持った人類とその文化が存在するために、どのような環境変動が起こっても人類は生き残ってきたといえるのです。生態系の多様性の数だけ、そこで息づいてきた文化の多様性が存在し、そのどちらをも私たちは保全することが、今求められているのです。そのためには、現在存亡の危機に直面している世界各地の先住民の文化を見直しそれを積極的に維持することが重要ではないでしょうか。日本においては、日本の重要な文化の一つであり、今や存亡の危機に直面しているアイヌ民族の文化の保全に日本政府は早急に取り組む必要があるのではないかと私は考えています。彼らは、少なくとも数千年の間、北海道の自然生態系と関わり、それを維持し共存してきた民族だからです。

コンパッションとは、そして我々に課せられた使命

国際会議のメンバーは、地球上のそれぞれの場所で血の滲むような苦難と努力の末に築き上げてきた確固たる理念を持っており、大きな成果の産屋となった聖心女子大学でその世界の英知が出会うという極めて魅力的な要素にあふれていました。会議はそれぞれの激しい主張のため、一時はあたかも道を失ったかのようにも見えましたが、ボブ・ティーズディル氏の「同じMt.Fujiに登るにもさまざまなルートがある。われわれは、道は異なるが同じESD山の頂上を目指そうじゃないか」という言葉によって急速にハーモニーを奏ではじめたと私は感じています。

連日の議論の中、私は国際シンポジウムのコメンテーターを仰せつかり、生態学の研究者でもあるという立場から、次のことを参加者に向けて述べさせていただきました。

「森はさまざまな種類の樹木が混在しているから大きな環境の変化に耐えられる。人間という一つの種（Species）も多様な形質を持った人が混在しているからこそ環境変動に耐え生き延びてこられた。人はＤＮＡの違いの数だけ異なるエナジー（Energy 内なる役割）を持っているということもできる。文化も同じであり、今後、自然の多様性と同様に世界各地で苦境に立たされ失われようとしている文化の多様性を維持することに我々は努めなければならない。それは、〝互いに痛みを共有し共に受難を克服する〟というコンパッション（Com-passion）の精神でもある」。ふと会場を見ると、最前列でインド代表のラモラ氏がにっこりと微笑んでいました。席を降り彼に近づくと、「君の意見に心から賛同する」と、早口でインド訛りの英語で感想を述べてくれました。

実効性のあるＥＳＤを実現するための具体的な方策は何か

先日、アル・ゴア氏とＩＰＣＣがノーベル平和賞を受賞しましたが、私は彼の提唱による環境教育プログラムであるＧＬＯＢＥプログラムにごく初期から参加してきました。地球環境問題が目の前に迫る危機であることは、今や誰もが知ることとなりました。

しかし、冒頭にも書いたように、ＥＳＤが日本の提案によって国連で採択されたものであるにも関わらず、それを実施するためには現在の日本の学校教育は多くの課題を抱えています。それらを解決しＥＳＤが目指す〝持続可能な未来〟を実現するためには、まず、大学の教員養成課程において、地球環境問題に対する十分な科学的知識と教材開発能力をもった教師を育成することが重要であろうと考えています。同時に、人類の重要な資産である民族の文化や伝統と自然科学とをホリスティックに捉え理解することのできる深い思考を持つ教師の育成が望まれるものと思います。

COLUMN

ユネスコ協同学校の実践とＥＳＤへのホリスティック・アプローチ

伊井《いい》　直比呂《なおひろ》
大阪教育大学附属高等学校池田校舎教員。ユネスコ協同学校の加盟に精力を注ぎ、アジア五ヵ国のユネスコ協同学校間で「学びあう」アジアネットワークを構築。日本国際理解教育学会理事。大阪大学人間科学部非常勤講師。神戸大学法学研究科後期課程単位修得。

ユネスコ協同学校としてのＥＳＤ

　本校は二〇〇三年にユネスコ協同学校（ＡＰＳｎｅｔ：Associated Schools Project network）への加盟申請を行い、二〇〇四年度からそれにふさわしい教育活動を模索しながら今日に至っています。ところで、このＡＳＰ校は日本ではまだ数校しかありません。しかし、そのユネスコ協同学校がなぜ世界一七六ヵ国七八〇〇校にも広まっているのか、そこには日本の教育がまだ手にしたことのない学びの世界が広がっていることに気づかされます。たとえば、アジアのＡＳＰ加盟校の多くが取り入れている「平和の文化」を創る実践などは、既存の日本の平和教育とは異なり、人と人、人と自然とのつながりを大切にする個々の精神性を育てるところから出発している学校が多くあります。もちろん、戦争の悲惨さを学びそれに抗していく力を育てていくことは極めて重要ですが、その基本が日常にあることに着目し具体的な態度を育てている点において注目すべきことがあります。

　環太平洋国際会議は、このようなＡＳＰｎｅｔの実践を深める上で大きな関心を持って参加させていただきました。今回の「ＥＳＤのホリスティックアプローチ」における各ワークショップやセッションにおいては、大きな流れとしてその意味の深さに引き込まれるものでした。具体的に、教育が人のスピリチュアリティーの深化（成長）にどのように関わっているか、という観点から教育の意味を再構成する視点にあふれていたように思います。

　このように捉えますと、実は、学校教育の中に内在するさまざまな学びを深める人と人、人と自然との根源的かつ誠実な精神的つながりの重要さに改めて気づくことができます。この結果、私たちは、自らを極めて謙虚な存在に立ち返らせるのではないでしょうか。このことは〝自分のことのみに専念しない〟ユネスコ協同学校スピリッツと同じ地平にあると言えるように思われます。

　さて、「持続可能な開発」という今回のメインテーマについてこの文脈で考えてみますと、ＥＳＤは、単に欲との闘い、便利さとの闘い、また、感傷的、感情的に捉えるのでもなく、現実社会での自らの態度と行動にどれだけ謙虚さ、つまり、誠実な人と人、人と自然、自分と次世代などへの謙虚さを内包できるか、という今をともに生きる当事者としての自己を成長させる（開発する）課題として捉えることなのではないかと考えます。

人の成長を支えるＥＳＤ

ここで、本校（ＡＳＰｎｅｔ校）のＥＳＤの一端を紹介させていただきます。本校は一・二年の総合的学習の時間でＥＳＤ学習を展開しています。しかし、何より難しいのはそのカリキュラム化です。ＥＳＤが内包する「人間開発」と「社会開発」の観点から構成を考えますが、視野に入れるべき多様な問題とその連関関係が生徒にとって未だ理解できない内容を多く含んでいます。

例えば、地球環境問題や貧困などの知識的理解の複雑さだけでなく、なぜ両者が関係するのか、の関係は生徒にとって想像すらできないことです。

そこで、これらを容易にする学習の手がかりとして、ＵＮＥＳＣＯが提示したＥＳＤで扱うべき一〇の学習課題（「貧困」、「ジェンダーの平等」、「健康の増進」、「環境の保護と保全」、「農村の変革」、「人権」、「文化間の理解と平和」、「持続可能な生産と消費」、「文化的多様性」、「生物多様性」――以上）を示し、これら課題が、現在と未来社会、自然と環境、そして一人ひとりの尊厳などを支えつづける社会とどのように関わりを持つかを考えさせます。また、同時にそれらが私たち自身の課題（＝当事者）であるとの認識に立って、私たちはどのような価値や態度を獲得すべきなのかについて、教科と総合が連携して自らが気づくプロセスを導入しています

中でも、価値や態度を探求し、持続可能性を実現する上で必ず考慮しなくてはならないと考えられる諸要素を、構成要素として四つ（いのち、多文化、豊かな生活、心の豊かさ）に絞り、これらの視点を通して、自らがどのように自己形成（開発・成長）を行い、さらに社会形成（開発・創造）に参加できるかを学び取るようにしています。このように、とかく現象面に着目して理解しがちな諸問題の把握は、その根底として横たわる人の心の在り方と、反映されるべき諸価値の顕在化という学習・考察を経るようにしています。

これをまとめますと、

① 人・動物・自然のいのちがつながりつづける（持続する）社会が可能となるような心、態度、考え方、人間性、生活様式、制度、社会を開発する（形成・創造する）。

② 文化が深まりつづけることが可能となるような心、態度……を開発する。

③　安全で豊かな生活、そして人と人、人と自然が支えあいつづける社会が可能となるような心、態度……を開発する。
④　人の心をお互いに豊かにしつづける社会が可能となるような心、態度……を開発する。

この四つの構成要素が「つづく（持続する）」ことが可能となるような身近な、価値、態度、振る舞い、行動様式、思考様式、組織化、を発見し獲得するプロセスを経ています。一言で、人間力の開発ということでもあると考えています。

〝あれから〟の生徒たち

本校では、あの附属池田小学校殺傷事件で計り知れない不信と不安に陥った児童たちが現在は高校生としてESDを学んでいます。彼らは、これらの学習を通して積極的に自らの心の成長と社会の成長を目指し大きく成長しています。

例えば、自分が体験した恐怖と、アフリカの紛争地域で少年兵にされてしまった残酷な境遇とを照らし合わせて、彼らの辛さと恐怖を推し量りながら世界的な救援活動にかかわる生徒もいます。それは、前記に示した四つの構成要素に基づく①～④の考察による自らの再構成（開発）と、これらの問題を許さない社会の開発という、彼ら自身の生き方をかけた提言でもあります。

7　ユネスコ・ESDにとっての「文化」の意義

河野　真徳

こうの　まさのり
ACCU教育協力課。青山学院大学、アメリカン大学大学院修了（国際開発学）。日本ユネスコ国内委員会事務局、ユネスコ本部アソシエート・エキスパートを経て現職。ACCUでは、アジア太平洋地域におけるESD事業の運営に携わる。

座波　圭美

ざは　たまみ
ACCU教育協力課。国際基督教大学、サセックス大学大学院修了（国際教育学）。バングラデシュ、エチオピア、ブータン等で教育協力に従事した後、現在ACCUではノンフォーマル教育現場での学びがESDに深化するよう教材開発・普及などに取組んでいる。

1　ユネスコ、平和のための文化・教育・科学

文化の広い普及と正義・自由・平和のための人類の教育とは、人間の尊厳に欠くことのできないものであり、且つすべての国民が相互の援助及び相互の関心の精神をもって果さなければならない神聖な義務である。

――ユネスコ憲章前文

一九四五年、人類の偉大な遺産である文化や教育、科学の営みを通し恒久の平和を目指すユネスコ(1)の発足は、二度にわたる世界大戦の惨禍を目の当たりにした世界の人々にとって、大きな希望の糧であったと思います。前

掲の文章は、「戦争は人の心の中で生まれるものであるから…」からはじまる有名なユネスコ憲章前文に続くもので、文化や教育が人間の尊厳の根本であると謳っています。ユネスコは、それぞれの国と地域に根ざす固有の価値を伴う文化や教育といった分野において、等しい立場での対話を通し、その多様な深化への寄与に努めてきました。二〇〇一年に採択された『文化の多様性に関するユネスコ世界宣言』では、「文化の多様性は人類共通の遺産であり」、「発展の一つの根源をなすものである」と明言されています。今回の会合を共催したユネスコ・アジア文化センターは、文化・教育・人物交流の分野で、ユネスコの理念を具現化する活動を行っています。

2　ＥＳＤと文化

ＥＳＤの中でも文化は重要視されており、環境・社会・経済の三本の柱の根幹を成すとされています（UNESCO, 2006）。他方、持続可能な発展にむけた文化の役割やなぜ文化が三本柱の基礎なのかがわかりづらいという声も聞こえます。しかし、それは、文化をめぐる議論を紐解いていくと、驚くほど鮮やかに顕れてきます。

人類学者タイラーは、文化とは、長い年月をかけ形成された慣習や振る舞いの体系であり、衣食住などの日常生活の面に加え、芸能・道徳・宗教・政治・経済などの社会構造をも含み、その要素の複雑な絡み合いこそが文化だとしています（Taylor, 1871, in 相良二〇〇三）。また、文化は社会の枠の中で獲得され、共有され、世代を超えて継承されるものであるとも定義され（Kroeber, A. L. & Kluckholn C., 1952, Taylor, 1871, in 前掲書）、さらに、『フランス語辞典』は、文化の解説として「精神の充実」という側面にも触れています（前掲書）。

以上をみると、ＥＳＤとはまさに文化に根ざしたものであることが明らかになるのではないでしょうか。衣食住のみならず社会構造をも持続可能な未来へつなげていく意識や取り組み、そして社会の中でそれが獲得・共有・継承されていくことを想起しているのが、ＥＳＤです。加えて、ＥＳＤでは、自然と人間、人間と人間のつながりを感じる精神の充実、その態度化を促すことが求められています。以上は、ＥＳＤの基盤としての文化の重要性だけでなく、ＥＳＤの一〇年を通して、〝ＥＳＤの文化〟を涵養していく必要性を示唆しているようにも思えてきます。

3　文化の賜物

では、文化に根ざした日々の実践は、持続可能な社会を築く上で、具体的にどのような貢献ができるのでしょうか。まず、各地で固有な文化として形成されてきた生活習慣や営みそのものが、周辺環境に必要以上の負荷をかけない循環型社会である点が挙げられます。異なる気候や風土に適応して行く過程で、古来、人々は自然に畏敬の念を抱きながら他の動植物と共存し、彼らを一体の存在として捉えてきました。コナイ教授が、南太平洋では木を伐採する際、同胞を労わる儀式があると示されたのは、その一例です。そのような土着の世界観から派生した倫理や道徳、さらには建築技法や薬草剤などに現れる叡智は、現代でも十分通用するものが多くあり、その土地の諸条件に見合う最適なものであるという点で注目されます。また、「個と集団」や「自然と人間」との在り方を見つめ直す上でも、ホリスティックな伝承文化には見習うべき要素が多々あるのではないでしょうか。土着文化は、非科学的あるいは運命論として、実証を求める科学と対極化されがちです。しかしながら、持続可能な社会の構築に不可欠な科学的発見へと繋がる想像力の土台として、また習得した知識を役立てる行動規範として、先人の知恵は目に見えない多くの恩恵を与えてくれるのです。その際、土着の言語が伝達手段としてのみならず、豊かな文化の醸成と切り離せない関係にあることは自明です。今日、多くの少数言語が危機に瀕していますが、その保護は「ＥＳＤの文化」の涵養のためにも、最重要課題と言えるでしょう。

文化の恩恵を考える際、祭事や舞踊などの伝統行事を人々がなぜ敬愛し、見返りがなくともそれらに率先して従事する内面の動機に、改めて着目すべきではないでしょうか。なぜなら、そこには生産性や効率だけでは語れない、伝統の中に脈々と伝わる人々の誇りや安堵感、引いては幸せの尺度が、自ずと浮かび上がってくるからです。「ESDの文化」が成就するためには、目先の損得勘定に基づく行動心理ではなく、進むべき方向を長期的に見定める学習が求められます。それらの学びにおいて、文化に焦点を当てることは、さまざまな選択を迫られる日常において、指針を得る手助けとなるかもしれません。

4　文化の継承・創造にとっての教育

以上のような、ESDの根幹を成す文化を継承し発展させていくためには、教育のはたす役割が非常に大きく、環太平洋国際会議の参加者もまた、豊かな文化に根ざすアイデンティティを大事に、ホリスティック教育に携わっている人々でした。第二節でみた文化の全体性を考慮すると、ESDの重要な基盤である文化を継承・創造していくためには、まさに〝ホリスティック〟な教育が不可欠だと言えるでしょう。ここでいう教育とは、学校教育にとどまらず、生涯学習の概念のもと、多様な場での一生を通した学びです。長きにわたり形成されてきた慣習や振舞い・日常生活や社会の在り方（＝文化）を継承し、そして、多様で豊かな差異を残しつつも、それらを持続可能な未来へつなげていくために創造していくプロセスは、生涯にわたる学びのプロセスです。

教育は、①フォーマル教育、②ノンフォーマル教育、③インフォーマル教育の三形態に分類できます(Coombs et al, 1973)。フォーマル教育は、正規の学校教育、ノンフォーマル教育は、正規の学校教育外で行われる系統だった学習、そしてインフォーマル教育は、日常生活や社会環境の中から日々の経験を通した学びを指します。文化および持続可能な未来へむけた学びは、これら三つのすべての場で起こることが望ましく、逆に言うと、どれかひとつが欠けても、その効果が薄れてしまうのではないでしょうか。たとえば、インフォーマル教育は、家庭や図書館、マスメディア、職場、芸術を通した学びであり、これらは豊かな学びの場であるとともに、学びを実践していく場でもあります。ノンフォーマル教育もまた、柔軟な枠組みで地域に即した学習を提供し、文化やその継承、創造、持続可能な社会を志向する学習の場に適していると考えられます。

しかし、これらの場があるからといって、フォーマル教育だけを分離して考えることはできません。家庭や地域社会と学校教育との乖離、学校カリキュラムの知識偏重化が課題となっている国も多くありますが[2]、義務教育を例にとると、すべての子どもに一定の質の教育を等しく提供することができるフォーマル教育の場でも等しく、文化に根ざした総合的な学習が求められます。とりわけ、家庭や地域のノンフォーマル・インフォーマルな文化伝承の力が衰退している今日、その重要性は明らかです。持続可能な未来を志向した文化を継承・創造・発展させていくには、生涯を通した多様な場面での精神を深める学びが、有機的に結びつき、実際の行動へ移っていくことが求められています。そして、老若男女問わず、すべての人々にその学びの機会が提供されることが不可欠です。

5　文化の多様性と協調

国際会議では、ナバホやマオリ先住民族の事例を通じて、幾重もの逆境を乗り越えながら、自らの価値観や言語を伝承する決死の取組みが紹介されました。フォーマル教育を含む行政の中で、彼らが一定の地位を獲得したのは努力の結晶でありますが、ノンフォーマルおよびインフォーマル教育の場における地道な取組みがそれらを開花させたと言えるでしょう。置かれた状況は異なっていても、これらの活動の出発点は、その土地の人々が固有の文化を後世に残してゆきたいと願う、揺るぎない気持ちであったと言えます。

多様な文化が存在することは、それらを育んだ土壌のみならず、持続可能な未来の実現へ向けて克服すべき課題が千差万別であることを物語っています。「ＥＳＤ山」の登頂方法にはさまざまなルートがあると、ティーズデイル教授が会議で示された通り、取られるべき施策は、個々の状況に応じる必要があります。肝心なことは、山頂への道中、自然への気配りと他者への寛容・共感の精神を持ちながら、個々の共同体が設定した「目的」に沿い、おのおのの文化に内在する適切な「手段」を講じることです。会議参加者らは、文化を和音とする声を持続可能な社会に向けて奏で、それらは一同の心に山彦として響き渡りました。

むすびにかえて

人々の往来や物資の移動が加速する今日、温暖化や自然災害の深刻化など地球規模の問題が浮上しています。それらの解決のためには、個々の文化の継承に止まらず、文化間の対話のプロセスや協調の姿勢が不可欠です。国際社会の平和や安全という大きな目的に向けて、文化多様性の概念を軸に、教育を通じて予防的措置を講じるユネスコ、および当センターにとっては、ＥＳＤの文脈で「文化」を強調した今回の会議は、今後、さまざまなパートナーと連携して活動を継続して行く上で、計り知れない示唆を与えてくれました。

註

（1）ユネスコとは、国連教育科学文化機関（United Nations Educational, Scientific and Cultural Organization, UNESCO）の略称です。

（2）一方で、世界には、タイのように、ローカル・ウィズダム（土着の知恵）を学校教育に積極的に取り込んでいる実践も存在しています。

参考文献

相良憲昭（二〇〇三）『文化学講義』世界思想社

Coombs, P. H. Prosser, R. C. and Ahmed, M.（1973）*New Paths to Learning: For Rural Children and Youth,*（New York, International Council of Educational Development）.

UNESCO（2006）*Framework for the UNDESD International Implementation Scheme,*（Paris, UNESCO）.

結　ＥＳＤへの「子ども」と「文化」の視点

「ホリスティックＥＳＤ宣言」解読

吉田　敦彦

よりホリスティックなＥＳＤリンク形成のために

ここに紹介する「ホリスティックＥＳＤ宣言（Tokyo-Hiroo, 2007）」は、ＥＳＤへのホリスティック・アプローチを促進するために、とくに強調されるべきポイントを簡潔に述べたものです。これまでに、「持続可能な開発（ＳＤ）」の三領域：「社会、環境、経済」の重要性については十分に認められ、そのための優れた教育実践も積み重ねられています。この宣言では、より包括的でホリスティックな観点から、この三領域を媒介しつつ支える「文化」の視点、および「持続可能な人間発達」のために「教育（Ｅ）」プロセスそのものがホリスティックである必要を強調しました。ここに強調された観点を含み入れることによって、従来のＥＳＤは補完され、よりホリスティックなリンクを生み出せるものと期待します。

この宣言は、二〇〇七年夏の東京で日本ホリスティック教育協会とユネスコ・アジア文化センターが共催した環太平洋国際会議において、当初予定されていなかったにもかかわらず、その成果を端的な言葉に残して広く社会にメッセージを発したい、との参加者の熱意によって生み出されました。この国際会議で大切にされたのは、他者との対話を通して「文化」の視点を深めていくこと、会議のプロセスそのものがホリスティックな学びとなることでした。ここに各国から招かれた参加者には、大別して二つのグループがありました。一つは、「文化」のもつＥＳ

Dにとっての意義を深く理解した人たちのグループ（南太平洋諸島の文化、ナバホ文化、マオリ文化……）。もう一つは、子どもを全人的《ホリスティック》に育む教育環境と学習プロセスを重視した学校づくりに専念してきた結果、ESDの観点からもすぐれた教育を実践している学校関係者。また、参加者は、子どもの全人的総合的な学びのために校庭に森をつくった日本の学校を訪問し、そのルーツでもある日本の山村地域の森の文化にもフィールドワークしました。相互に刺激しあって対話を深め、またお互いの人格的な交わりを深めた一週間。この宣言のもつ四項目の観点は、まさにその所産です。

さて、この宣言の解説に入る前に、そこでキーワードなる「文化」という言葉が、いささか曖昧でもあるので、ESDの文脈でユネスコがこの言葉を用いる際の定義を見ておきましょう。

ユネスコESDにおける「文化」の定義

本書序文の冒頭で引いたように、かねてより二一世紀の教育ヴィジョンにおけるホリスティック・アプローチの意義を強調してきたユネスコ事務局長は、ヨハネスブルク二〇〇二での講演で、社会・環境・経済の三本柱と共に、「先ずもってprimally文化の問題」がESDにとって重要であると指摘しています。では、その「文化」とは、どのようなものでしょうか。

ユネスコの諮問委員会（日本の委員は有馬朗人元文部大臣）が答申した『ESD一〇年国際実施計画のための枠組み』は、社会・環境・経済の三領域の「基底となる次元としての文化」の意義を強調しつつ、次のように定義しています（なお、この引用の直前で三領域の「社会」領域については、「社会制度とその変革と開発のための機能。および、意見表明、政権選択、意思決定と対立解決のための民主的で参加型のシステム」と狭く定義されています）。

文化と結びついている価値観、多様性、知恵、言語、世界観など、これらはESDをめざす道に強く影響を及ぼしており、それぞれの国（郷土）の歴史的文脈において扱われなければならない。この意味で、文化は、何か収集・保存できるような歌や踊りや着物といった個々の実物の寄せ集めではない。そうではなくて、文化は、存在の仕方、人との関わり方、どのような態度をとり、何を信じて行動するか、その方法そのものであり、人々が自らの暮らしにおいてそれを生きているものであり、そして、たえず変化していくプロセスにあるものである。

（UNESCO 2006, Framework for the UN DESD International Implementation Scheme, p.4）

ここで、博物館に展示される収集・保存された「歌や踊り」ではなく、暮らしにおいて生きられた歌や踊りというのは――今回の国際会議で、トンガの、マオリの、ナバホのプレゼンターが披露してくれたのがまさにそうでしたが――、食べ物を与えてくれる自然への畏敬と感謝、生きていることの痛みや悲哀と歓び、共に生きる人の幸せの祈願などを表現する様式であって、それは自然環境とも社会経済の営みともしっかりとリンクしたものです。（このリンクについては、とくに鬼頭氏の人間と環境とのあいだの「社会経済的リンク」と「文化的宗教的リンク」についての理論＝本書159頁を参照。）

上記の定義文のポイントを四点に整理しておきます。

(1) 文化は、価値観や世界観や信念や存在の仕方など、人間の内面性と結びついていること。

(2) 文化は、内面的であるだけでなく、人や世界と関わる行動や態度、具体的な暮らしの様式、ライフスタイルを形成するものであること。

(3) 文化は、それぞれの地域に特有の風土や歴史と結びついていて、安易に一般化・普遍化できないこと。

(4) 文化は、固定的不変的な「実体」ではなく、たえず内発的に変化していくプロセスにあること。

では以下に、「ホリスティックＥＳＤ宣言」の四項目それぞれについて、本書に寄せられた論考にも触れながら、やや詳しく解説を加えていきます。

「ホリスティックＥＳＤ宣言」解読

1　現代社会へ単に適応させるために教育するのではなく、何が子どもの全人的な発達のために適しているかを注意深く考えて、学びの環境をデザインしていくこと。そのこと自体が、ＥＳＤの目的を実現することにつながる。

この第一項は、「持続可能な開発のための教育（ＥＳＤ）」には、いわば「持続可能な教育のための開発（ＤＳＥ）」という観点も重要であることを強調したものです。私たちは、社会を開発・発展させようとするとき、子どもたちの健やかな成長にとって、それがどのような影響を及ぼすか、どれほど考慮に入れてきたでしょうか。開発が、自然環境に及ぼす影響に配慮すべきであるのと同じように、未来を担う子どもたちに及ぼす影響を考慮すべきです。日々、子どもを目の前にして、心身共に健やかな全人的な成長（whole, healthy > holistic な成長）を願っている教育者として、この「子どものホリスティックな成長」を考慮した環境・社会の開発を求めます。

子どもは、持続可能な開発にとって、「坑道のカナリア」であると言ってよいでしょう。いま子どもたちは、生きた自然とのかかわり、いのちのつながりから切り離されて、また、そこに根ざして生きる意味や価値、アイデンティティを感受する文化の土壌から根扱ぎにされて、生の実感が希薄になって浮遊しています。国際市場競争に勝ち残るための知識学力だけが重視され、学べば学ぶほど心と身体と頭がバラバラになり、さまざまな歪みのなかで悲鳴をあげている子どもたちがいます。このような息も絶え絶えの子どもたち、坑道のカナリアたちの声に耳を傾け、少しでも早く私たちの社会と環境の方向を据えなおさなければ、この社会全体の未来は危うい、つまり持続不可能だと言えるでしょう（アマルティア・センの「持続可能な人間発達」のための「人間の安全保障」参照）。

注目すべきなのは、子どもの全人的な成長に配慮した学習環境を整える営みは、おのずとＥＳＤの実践となることです。今回の国際会議では、ホリスティック教育の代表的な事例として知られる、シュタイナー学校やクリシュナムルティ学校、そして森をつくった学校の実践が紹介されました。これらは、ＥＳＤという言葉もなかった時期から取り組まれていたものですが、本書で紹介してきたように、教育の内容においても、方法においても、学習環境づくりにおいても、優れてＥＳＤ的な内実を持ったものです。明示的にＥＳＤの実践をしていると唱えていなくとも、暗示的に、いわば隠れたカリキュラムとして、ＥＳＤの価値観やスピリットが、子どもたちに伝わっています。教える内容よりも、ときとして、その教え方・学び方のスタイルそのもの（――たとえば中野民夫氏「参加型ワークショップ」Ⅱ-４参照）が、エッセンシャルでありえます。

子どもを経済成長という目的のための人材資源（手段）とみるような教育観からの脱却こそが求められています。ＥＳＤも、「持続可能な開発」という目的のために子どもに何を教えるか、という発想だけに留まるとすれば、子どもを手段視するという点において、同じ陥穽が待ちうけています。子どもを手段としてではなく目的とみるような教育観によって、ＥＳＤは裏打ちされ補完されなければなりません。

2　マイノリティの文化やローカルな地域文化を保持し、文化的多様性を維持することが、ESDにとって力強い基盤となること。これは必ずしも、国民的なアイデンティティの土台を掘り崩すことにはならない。

輸出用の単一商品作物のプランテーション農業＝モノカルチャーが、土地に根ざした多品種の有機的な農業に比べて、気候などの環境変動に対して、また通貨危機などの経済変動に対して、いかに脆く持続不可能であるか、そして、そのグローバル経済に呑み込まれたモノカルチャー経済が、いかに文化をも破壊して「精神のモノカルチャー」を生み出すか、つとに指摘されているところです（ヴァンダナ・シヴァ『生物多様性の危機／精神のモノカルチャー』）。この第二項では、それぞれの地域風土に根ざした文化・経済活動を尊重すること、つまりマルチカルチュラルな多様性を保持することの持続可能な社会にとってもつ意義を、あらためて強調しています。

本書の各章での雄弁な事例――南太平洋の島々、ナバホ、マオリ、山古志村、白神山地、等々――を通して、地域に根ざした文化が、自然環境との、社会や経済とのかかわりを媒介しつつ支えていること、しかもそれが、人間の心身共に健やかな成長にとって重要であることを見てきました。とりわけ、植民地化やグローバル化のなかで軽視・抑圧されてきたマイノリティやローカルな文化に焦点を当てるとき、鮮明にその意義をとらえることができます。一例だけ挙げるとすれば、国際ワークショップでの「ナバホの涙」（18頁）。植民地化されて土地と文化を奪われ、羊の放牧などの生業が地下資源開発の環境破壊で持続できなくなり、連邦政府補助金と資源開発会社とカジノ収益に依存しなければ生きていけなくなったとき、現金収入はあったとしても若者たちがいかに自尊心を失って精神的な空虚感に苛まれるか。それを紹介してきたベナリ氏が言葉を詰まらせて涙をみせたのは、英語だけで学校教育を受けてきた若者が、思い立って（ベナリ氏の教えるナバホ立カレッジにて）ナバホ語を学び、祖母とはじめてナバホ語で会話した際、その祖母が「おまえは、やっとはじめて私の孫になった」とつぶやいた物語に至ったときでした。加えて、伝統的なナバホの知恵、すなわち、一日のなかに「朝：生の方向づけ」と「昼：働くこと」と「夕：人との交わり」と「夜：自然への畏敬」の四つを循環させながらバランスをとる知恵を学びました（79頁）。この知恵は見事に、ＥＳＤの文化・経済・社会・環境の四つの連関とバランスを表現しています（マオリ語のイマージョン教育Ｉ-6、オセアニアの伝承の知恵Ｉ-2、ブータンの国民総幸福の理念Ｉ-7なども参照。また、ヘレナ・ノーバーグ・ホッジ『懐かしい未来』は秀逸）。

しかし、事柄はそう単純ではありません。ベナリー氏も、伝統回帰を志向する原理主義的傾向と、欧米的価値を受け入れてグローバル市場経済に参画することで生き延びる道との間の深刻な葛藤に言及してます。ここには現代世界に共通したディレンマがあります。それは、普遍化する近代と地域に特殊な伝統との間の、グローバリズムとナショナリズムの間のディレンマです。この問題については、国際会議のあいだにも、真摯な、ときには緊迫した議論がなされました。とくに第三項が、その議論を反映したものですので、次に立ち入って説明しましょう（とくにナショナリズムの問題に関わって、じつはこの宣言を起草した吉田の原案には、伝統文化の尊重が偏狭なナショナリズムに陥ることを回避すべきだとの趣旨を盛り込んでいました。それを検討した参加者討議において、現在の日本の情況に鑑みて日本国内向けにそのようなただし書きを付すことの意味は理解するが、アジア環太平洋の全体状況からは、むしろ健全なナショナリズムを育むことの方が重要、との意見が出ました。そこで、「必ずしもナショナルなアイデンティティの土台を振り崩すunderminingものではない」との微妙な表現に落ち着いた経緯があります。ここには、『ナショナリズムの由来』の大澤真幸が指摘するような、「ナショナリズムの最後の波」の「後の波」が前世紀末から興隆している現代における、ネイションという文化的単位と政治的単位の交錯という未決の大問題があります）。

3　伝承文化を、現代のグローバルな社会の現実を踏まえて創造的（交響的）に継承していくこと。そのためには、その文化の最善のものと克服すべきものを見極めていく眼を持つことが大切である。

ＥＳＤにおける文化伝承の課題を捉えるうえで、現代世界が直面している背反する（ようにみえる）二つのベクトル、つまり近代と伝統、普遍性と特殊性、グローバリズムとナショナリズムという二つのベクトルの交錯と接合という問題が重要です。これは人類がまだ解決を見出していない難題であり、今回の会議で解決の糸口がみつかったと言えるものではありません。それでも、立場をこえて課題意識を共有することはできました。

大切なのは、「伝承文化」というときに、①それを実体的固定的に捉えるのではなく、歴史的に可変な、創造のプロセスにおいて捉えること、②その「文化の単位」を、より大きな方向にも、より小さな方向にも、実際にはさまざまな線引きを許容するものとして、また、多かれ少なかれ他文化を受容した重層的あるいは混交的《ハイブリッド》なものとして捉えること、さらに、③二つのサイドの立ち位置によって、つまり自文化を他に強要し同化する支配的な力をもつ側か、それに対抗して自文化を防衛する側かによって、それは異なる現実的意味をもつことを認識しておくことでしょう（本書山西氏Ⅱ-2参照）。

ある民族に一対一対応するような実体的な文化、「純粋な」文化、本質的・不変的な文化はなく、「日本文化」もそうであり、「ナバホ文化」もそうであると言えます。政治単位としての米国内にナバホ・ネイションという国を建ててナバホ文化の保持を企図しつつも、そのネイションの境域内にも他の部族文化を含み、南西部先住民という範囲で、さらに広くネイティブ・アメリカンや環太平洋文化圏といった範囲で、国境を越えた共有文化をもつことの意義を、ベナリ氏は強調しています。彼がシンポで吟じた「幸福の道」という詠歌に、会場の人たちは「なぜか懐かしい」と口をそろえました。また、日本滞在中に、ヤタガラスをシンボルとする鳥居をくぐって紀伊の熊野本宮を訪れた彼は、「私はここから来たのかもしれない」とつぶやいていました（言語教育に通じたロシアの参加者は、語源に遡ると通文化的な共通性に出会う多くの事例を紹介しています。I-5）。こうしてみると、自らの文化をその根っこ《ルーツ》に向けて深く探求すれば、必ずしも狭い自文化の特殊性に閉じられることなく、その徹底において、他の文化にも通じる普遍性にふれることができるのかもしれません。あるいは、それぞれの深部の記憶を掘り起こし（痛切な記憶も含めて）、それを共に聞きあい語りなおして、共通の物語をつくりあげていく、そのような道もありえます（吉田敦彦「語り直す力／星野道夫の物語に呼応して」『シリーズ物語③彼方からの声』東京大学出版会参照）。

また、文化を両義的なものと捉え、批判的に吟味する視点も重要です。ある文化は、帝国主義の経済的・政治的な植民地政策を支える機能をもったし、またそれへの抵抗を支えたのも文化でした（サイード『文化と帝国主義』参照）。植民地の教育制度では、宗主国の言語が用いられ、たえず宗主国の文化が先住民の文化よりも優れたものであることを教えられました。それに対抗するために、先住民は自分たちの文化のもつ価値を再発見し、それを教育のなかに位置づけ直そうと格闘しました。制度的教育はいつも、文化の争奪をめぐる主戦場です。それは、中央標準（東京）の文化と地方文化（たとえば山古志村）との関係でも、普遍化する文明と地域の伝統文化との対峙という構図において同じです。

未来へ向けて、文化の何を受容し何に対抗するか、それを見極める眼力が問われます。たとえば「環境持続性」や「精神的豊かさ」の観点からみれば優れている伝承文化のある行動様式が、「社会的公正」の観点からは克服すべきものを含んでいる場合もあるでしょう。それらを見極めつつ、しかも「環境持続性」と「精神的豊かさ」と「社会的公正」が相互依存している全体連関を視野に入れて、内発的に未来へ向けて新たな文化を創造していくこと（169頁）。そこには、近代が獲得してきた価値の普遍性を見極めるまなざしが求められ、とりわけ社会的公正を追求する人権教育、ジェンダーや民主的参加の教育などのＥＳＤの個別課題がリンクしてきます。

過去に根ざした未来の内発的な創造のあり方を、初日の基調講演でティーズデイル氏は「(過去への回帰でなく)未来への回帰」もしくは「伝統と現代のフュージョン(融合)」と呼びました(25頁)。そして議論の深まりの中で、その創造的な接合の仕方をより精確にイメージしようと、「シンクレティック」という言葉が結晶化してきました。シンフォニーやシナジーに通じる「syn(シン)」に「create(創造)」を繋いだ「交響的創造」。異なるものを同化して融合してしまうのではなく、異なるままで調律してよりダイナミックで多層的な交響性(そして公共性)を生み出していくこと。現実のなかでは容易でありませんが、それぞれの持ち場の現実でこの難題と格闘している参加者にとって、会議の対話の場のなかで一条の光のように共有されていったイメージでした。

4　子どもたちに伝える前に、大人たちは、そのようなＥＳＤ文化を、自ら体現して生きなくてはならない。そのような大人の存在の仕方そのものが、子どもの存在を育てる。

第一項で述べたことは、子どもの学びの支援に責任をもっている教育者の観点から述べた強調点でした。よく言われるように、ＥＳＤは、子どもへのフォーマル教育(いわゆる学校教育)だけでなく、インフォーマル／ノンフォーマルな成人教育、大人の自己教育の課題です。子どもに何をどう教えるか、と発想する以前に、大人自身の、ＥＳＤ的認識のみならず、ＥＳＤ的な生き方・暮らし方を自らに問うべきでしょう。これは、身につまされる、容易ではない課題です。

容易でなくとも、もし大人自身から変わっていくことがなければ、ＥＳＤの実践が子どもたちに受け入れられていくことは、ますます至難です。というのも、持続可能な未来をつくるというＥＳＤの実践が、現在世代と将来世代の間の不公正という世代間の溝を埋めていくという課題に関わるからです。持続不可能な環境と社会を、自世代の利益を追求してつくってきたのは、まぎれもなく子ども世代でなく大人世代です。これからは持続可能な社会をつくろう、というESDは、語調を強めて言えば、子ども世代に「ツケ」をまわし、その清算を肩代わりさせるための教育になりかねません。大人世代が、自らを、そして自らの社会を変えることができぬまま、次世代の教育に期待するとすれば、です。環境問題を学び、貧困問題を学び、紛争・戦争を学べば学ぶほど、自分たちの未来の閉塞感を強め、大人世代への不信感を募らせる子どもたちがいます。

そうであるので、他の教育に比してとりわけESDは、大人自身が変わることから出発すべき、特別な意味をもった教育です。ただ、大人はもはやなかなか変わらないが、子どもはまだ変えられる、だから子どもに期待したい、というのは一理あるかもしれません。ESDの実践事例のなかに、たとえば環境保護の活動にじつに純粋にとりくむ子どもたちの報告があります。が、よくその事例をみると、そこには、教師や周りの大人たちの、本気でその活動に率先して取り組んでいる姿があるものです。ESDの、単に自然科学的・社会科学的認識面に限って言えば、知識伝達的な教育で可能な範囲はあるでしょう。しかし、じっさいの行動に違いを生み出すことのできる態度や価値や信念にまで影響を与えることのできるのは、大人の後姿、立ち姿でしょう。大人が日々、何を大切にし、何をあきらめながら生きているか、その暮らし方、生き方が、子どもに伝わっていく。ESDとは、このようにすぐれて大人の生き方の変容が問われている課題なのです（これは、ユネスコ提唱の「学びの四本柱」でいえば、とりわけLearning to beの次元の課題です）。

では、そのように大人が、圧倒的な文明の大きな潮流に抗して、自らの生き方を変え、もう一つのライフスタイルを選び取っていけるのは、どのようなときに、何に支えられて可能なのでしょう。簡単に「心の持ち方」を変えることができるとは思えません。そこには、「心」というよりも、もっと深いところ、ある意味では存在そのものが揺さぶられるような痛みや悲しみ、あるいは沸き起こる歓びが必要なのかもしれません。それは、社会や経済のシステムの次元よりも深部にある、人間の生き方をその根っこにおいて支え方向づけている何かであるように思えます。それは、精神的なものとも呼べるかもしれませんが、本書では、その何かに形をあたえ、たとえば目に視える踊りや声に出せる詩歌にして表現してきた「文化」のもつ意義に注目してきたのでした。こうして、上記の宣言第二、三項の課題に立ち返っていくことになります。

心を、いのちを表現する形（様式）としての文化。自然と人間を媒介し、人間の内面と社会・経済のシステムを媒介し支える文化を問い直して、そこに今一度いのちを吹き込むこと。あるいは、社会（法、制度、公正）と経済（交換、流通、友愛）と文化（価値、精神、自由）の三つの分節された領域の、おのおの限定された意義と相互のつながりを編み直していくこと。

深く根ざすことのできるルーツなくして、この文明の大波に洗い流されずに、自らの生きるべき方向を保つことは、難しく思えます。持続可能な未来へ向けて、私たち自身も、私たちの経済・社会のシステムも、足元の大地の土壌（文化）を耕しなおし、深く根ざしなおさなければならないゆえんです。

ＥＳＤの訳語について：「持続発展教育」へ

日本ユネスコ国内委員会は、これまで「持続可能な開発のための教育」と訳されてきたＥＳＤの普及促進を目指して、より簡単に、「持続発展教育」という訳語の使用を提唱しました（二〇〇八年二月）。また、「ユネスコ協同学校」も、「ユネスコ・スクール」への名称変更が提案されました。編集の最終段階での決定であったため、本書では、この訳語変更を施さないまま公刊します。

ホリスティックESD宣言 (2007,Tokyo-Hiroo)

Declaration on Nurturing Holistic Approaches Towards ESD

1 現代社会へ単に適応させるために教育するのではなく、何が子どもの全人的な発達のために適しているかを注意深く考えて、学びの環境をデザインしていくこと。そのこと自体が、ESDの目的を実現する。

Implicit in achieving the goals of ESD is the creation of a carefully-designed learning environment for the development of the whole child (spirit-mind-body). This does not dictate that education be adapted to the modern society.

2 マイノリティの文化やローカルな地域文化を保持し、文化的多様性を維持することが、ESDにとって力強い基盤となること。これは必ずしも、国民的なアイデンティティの土台を掘り崩すことにはならない。

Respecting cultural diversity by sustaining the cultures of minorities and local/rural communities provides a strong foundation for ESD. This does not necessarily undermine a sense of national identity.

3 伝承文化を、現代のグローバルな社会の現実を踏まえて創造的（交響的）に継承していくためには、その文化の最善のものと克服すべきものを見極めていく眼を持つことが大切である。

In nurturing our cultural heritages and syncretising them with the realities of the modern global society, it is important to know how to distinguish what we should sustain and what we should overcome.

4 子どもたちに伝える前に、大人たちは、そのようなESD文化を、自ら体現して生きなくてはならない。そのような大人の存在の仕方そのものが、子どもの存在を育てる。

Adults themselves need to internalize and live out the values and culture of ESD, thus nurturing children and providing them with true role models.

日本ホリスティック教育協会（JHES）／ユネスコ・アジア文化センター(ACCU)共催
ESD環太平洋国際会議（2007年7月31日－8月5日、聖心女子大学）参加者一同

「アーメダバード宣言」の誕生

——「ホリスティック」な教育観への転換

二〇〇七年一一月、「アーメダバード宣言」が採択された。環境教育と持続可能な開発のための教育（ＥＳＤ）の進むべき方向性を示した国際的な宣言である。宣言の草案づくりは、一一月二四日からの五日間、インドのアーメダバードで開催された「第四回国際環境教育会議：持続可能な未来への環境教育——『持続可能な開発のための教育の一〇年』のためのパートナー」に九七ヵ国から参加した一五八六名の人々にも開かれた形で最終的な調整が行われた。

国際環境教育会議が初めて開催されたのは、三〇年前の一九七七年、グルジアの首都のトビリシである。当時は「政府間環境教育会議」という名称であった。以来、一〇年おきに旧ソ連のモスクワ、ギリシャのテッサロニキと舞台を変え、第四回目は、ユネスコおよび国連環境計画、インド政府がスポンサーとなり、環境教育センター（Centre for Environment Education: CEE）の広大なキャンパスで開かれた。同会議に筆者はユネスコ・アジア文化センターの専門家として参加させていただいた。以下、現地で垣間見た、宣言が練り上げられるまでのプロセスについて述べてみたい。

一〇年以上にわたり引用されるような国際宣言は一夜にしてはとうてい策定され得ない。宣言の策定を担当する委員会では、環境教育やＥＳＤにかかわる各団体からの提案文を事前に集約し、たたき台を策定していた。この会議では開催期間中、八つの特別セッションと併行して、公教育や高等教育、教師教育など三〇のテーマ別専門部会が開かれ、各部会から示される提言も宣言案の中に織り込まれるように努力が払われていた。

ここまでは通例の国際会議とさして変わらないプロセスである。しかし、この会議の特徴は、開催本部近くに真っ白なビニールでおおった大きなボードとマジックペンが置かれていて、大会の参加者なら誰でも自由に提案などを記すことが許されていた点である。

ボードにはアーメダバード宣言案の最新版も掲げられ、同時に、三〇年前に採択された「トビリシ宣言」も参考までに貼付けられていた。周辺は、みずからの提案を書き足す者、

自らの提案を自由に書き込む各国の市民

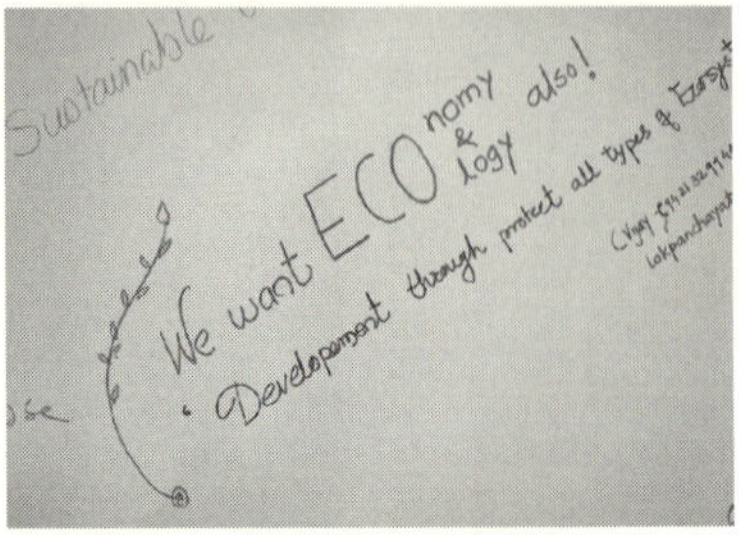

書き込みの一つ「我々が必要としているのはエコ＋ロジー＆ノミー」

各国政府や国際機関への訴えを記す者など、朝からにぎわっていた。またメールでも事務局宛に提案を送ることも許可されていた。毎朝、その日のうちに集められた加筆・修正案を事務局が検討し、新たな宣言へと練り上げていく参加型の宣言づくりでもある。

　大会本部の一部屋では、数人の委員が日ごとに集められるさまざまな意見に目を通し、取捨選択し、ひとつの宣言文にまとめていく作業をしていた。これは緊張感の伴うプロセスである。とくに閉会日前日の改訂作業は凄まじい様相を呈していた。時間的制約の中で、ありとあらゆる要請を次々と裁いていかねばならない。各委員の眼差しは真剣そのものであり、ある種の使命感を漂わせていた。

　おそらく、このような参加型のプロセスについては賛否両論あるであろう。一般の市民が思いつきの意見を入れ込むことによって手間ひまかけて専門家グループが練り上げた文章の良さが損なわれてしまうという見解もあろう。また、限られた字数の宣言にすべてを盛りこむのは当然不可能であり、採用されない大半の見解を提示した人々には不満の募るプロセスでもあろう。

　筆者自身も当初から宣言案づくりに関わってきたわけではないから、毎朝、会場に貼付けられる最新の改訂版を見て、自らの提案を盛りこむために改訂を迫る文章を執拗に書き加えることに対して一抹の戸惑いを抱きながらの作業であった。

　しかし、たとえ一〇年に一度の国際会議といえども、密室での意思決定は時代遅れであることに首肯するのは筆者だけではないだろう。今回の会議のサブタイトルにも明記されていた「パートナー」もしくは「パートナーシップ」という言葉が、合意形成の上でも少なくともその実現に向けた努力が払われるべきあり方であると言えよう。

　「パートナーシップ」とは耳ざわりのよい言葉であるが、そこに含意される「対等性」は言うは易し行うは難しである。しかし、先にふれたように、閉会直前の真剣な眼差しの草案策定委員の様子を端から見ていた筆者には、今回の作業が市民が政府や国際機関が用意した提案に協力《コーポレーション》して策定していくのではなく、共通の課題達成に向けて国際機関も市民も政府も対等な資格をもって取り組む、透明で開かれた協働作業《コラボレーション》と呼ばれるにふさわしい内容であると思われた。

さて、右のようなプロセスに参加しながら、私なりにこだわった言葉があった。それは「ホリスティック」な（アプローチ）（Holistic (Approaches)）」という形容詞（句）である。この言葉は、規模は異なるが、第四回国際環境教育会議の四ヵ月前に採択した「ホリスティックＥＳＤ宣言」の根幹となる言葉である。

「持続可能な開発のための教育の一〇年」が始まる以前より、ＥＳＤは既存の教育のあり方を方向づけ直すこと（re-orientation）であると指摘されてきた。しかし、なかなかその理解は広まらず、表層的な技術論に終始している感は否めない。極論に聞こえるかもしれないが、ＥＳＤを突き詰めるなら、競争志向よりも共存・共生志向へ、管理中心の教育観よりも内発的な成長を大切にする教育観への変容を迫られるのである。この変容の方向性は「ホリスティック」というキーワードを用いることにより、より明確になるのではないだろうか。

右のような考えをかねてから抱いていた筆者は、偶然にも宣言文案には、ＥＳＤとは「機械的な教育観ではない」と否定語句があるにもかかわらず、では何かという肯定語句がないことに気づいた。開会して二日目のことである。唯一、肯定的な教育観の表現として描かれていたのは「私たちはだれもが教師であり学習者である」という文章であった。こうした教育観を形容する言葉として「ホリスティック」を位置づけること、そして草案策定委員会による案に明記されていた、教育を「メカニズム」として見る従来の見方の代案として、教育を「プロセス」ととらえることの重要性を明記することも提言した。

閉会式での事務局代表の説明では、五日間の討議の中で草案文は一二回書き換えられたという。先にふれた委員たちは宣言の採択が予定されていた閉会日の前夜は徹夜だったと聞いた。幸い、右記の提案は九回目に取り上げられ、一一回目の案に盛り込まれるに至った。結局、最終段階において、従来の政府間レベルの国際会議ではしばしば使用されてきた言葉ではあるが、他の形容詞のlifelongやinclusiveと併記の形で右の主張も残されたのである。

一方、宣言につづく勧告の方であるが、こちらも勧告のひとつ（会議最終日の事務局案では第五-四項）に次のような表現をもって「ホリスティック・アプローチ」という言葉が用いられる形となった。

持続可能性の実践につながるような基本を習得するための知識に対しては、システム思考およびホリスティック・アプローチが学校やコミュニティ、社会においてESDを推進する上で導入・採用されるべきである。[1]

右の言葉は採択された直後に会議場で掲示された速報ボードにて確認できたものであり、ともすれば変更されるかもしれない。ともあれ、時代の趨勢なのか、それとも要請なのか、このような言葉が政府を巻き込んだ国際会議でもさしたる抵抗もなく公式文書の一部として受け入れられるようになったことは特筆に値するであろう。

第四回国際環境教育会議の通称は「トビリシから三〇年(Tbilisi plus 30)」であった。ESDに関する国際的な主張は、これまでもくり返し国際的な宣言に謳われてきたのであり、サスティナビリティへの道はビートルズの名曲のタイトルである「ロング・アンド・ワインディング・ロード(長く曲がりくねった道)」と重なるという指摘もある。[2]そのつど相当の手間暇かけて策定される国際的な宣言であるが、それを起こすも寝かすも、結局、私たちしだいなのである。

(記：永田　佳之)

アーメダバード宣言(2007, Ahmedabad) ——行動への呼びかけ

「暮らし」のための教育：教育を通した「暮らし」[3]

二〇〇七年一一月二八日採択

私たちは次のような世界をここに想い描きます。それは、私たちの労働と生活のあり方が地球の生きとし生けるものすべてに至福(well-being)をもたらすような世界です。人間のライフスタイルが生態系の保全や経済的・社会的正義、持続可能な暮らしとありとあらゆる命に対する敬意に沿うようになるのは、教育を通してであると信じます。教育により私たちは次のようなことを学びます。すなわち、コンフリクトを予防し、解決すること、文化的な多様性を尊重するようになること、思いやりのある社会を創ること、そして平和裡に暮らすことです。昔ながらのローカルで伝統的な生活様式から学ぶことにより、地球や生命が維持されて

いるシステムを慈しみ、敬意を表するようになりますし、こうした知恵を急速に変容していく世界に適用することもできるのです。そして社会全体にとっての善に配慮した上で、個人や共同体、国家、さらにはグローバルな次元において選択をできるようになるのです。すべての者が誇りをもつことができるような可能性のある未来は日常の行動によって形づくられると、若者を含めた個人や市民社会、政府、ビジネス界、融資のパートナー、その他の組織が認識するようになるのです。

人間の生産と消費はこれまでにも増して止め処を知りません。そのために、地球上の生命を維持しているシステムは急速にむしばまれ、生きとし生けるものの命が輝く可能性も消失しています。ある人々にとっては許容範囲であると当然視されている生活の質も、他の人々にとっては権利の剥奪に等しいことも珍しくありません。裕福なものと貧しいものとの格差は開く一方です。気象上の異変、生物多様性の喪失、健康を脅かす危機の増大、そして貧困。これらが示唆するのは、持続不可能な開発モデルとライフスタイルです。持続可能な未来に向けたオルタナティブなモデルとビジョンは確かに存在し、それらを現実のものとする迅速な行動が求められています。人権やジェンダーの公正、社会正義、健康的な環境はグローバルなレベルで緊急に実現すべき責務として認められる必要があります。「持続可能な開発のための教育」はこうした変容をもたらすために極めて重要です。

マハトマ・ガンディーはこう語りました。「私の人生そのものを私のメッセージとしよう」。我々がここに掲げた例はいずれも重要です。持続可能な生活のあり方を探求するに際して実質的な中身と活力をもたらすのは自分たちの行動を通してなのです。創造性と想像力をもって、私たちは自らの生活の依拠する価値観、また選択と行動のもとである価値観を考え直し、変えることが必要です。

再考が求められるのは、自分たちの手段と方法とアプローチであり、政治と経済であり、関係性とパートナーシップであり、教育の真の基盤と目的であり、私たちの生活と教育がどう関わっているのかということです。ものごとを選択する際に拠り所にし、鼓舞されるのは、これまで私たちが見てきた多くの成果、つまり「地球憲章」や「ミレニアム開発目標」を含めた成果です。

「環境教育」の歩みを経て、支持され、擁護されるようになったのは「持続可能な開発のための教育」です。このような教育のプロセスは現実に対して適切であり、呼応するものであり、責任をもてるものでなくてはなりません。これまでにも増して確実性と信頼を得るために、研究は奨励されるべきであり、さらなる効果的な学習方法と知識の共有を明らかにしていく必要があります。

私たちは誰もが学習者であり、また教師でもあります。「持続可能な開発のための教育」が促すのは、私たちの教育に対する見方の変化です。つまり、機械的な伝達手段としての教育から生涯にわたるホスリティックで包括的なプロセスとしての教育への変化です。パートナーシップを打ち立て、多様な経験と共有すべき知見を分かち合い、持続可能性のビジョンをよりよいものにしていくことを、私たちは誓います。

ネットワークの力が増大する今日の世界において、私たちは自らの責任に応じ、この会議の勧告内容を推進していくことをここに誓います。求められるのは、国連機構や世界各国の政府が「環境教育」を支持し、「持続可能な開発のための教育」に関する適切な政策の枠組みを策定し、実行に移すことに全力を尽くすことです。

謙虚さと包容力と誠実さと人間性に対する強い感性とをもって持続可能性の原理を追求していく我々の行動に、すべての人々が参加することを切に求めます。希望の精神と熱意と行動に向けた努力をもって私たちはアーメダバードから前進していきます。

（訳：永田　佳之）

註

（1）システム思考とは、要素を別個に扱うのではなく、要素間の相互作用や関係性ゆえに統一的な全体が構成されるという考え方。たとえば、『システム哲学入門』（アーヴィン・ラズロー、伊藤重行訳、紀伊国屋書店、一九八〇年）、Ervin Laszlo. *The Systems View of the World: A Holistic Vision for Our Time*. Hampton Press. 1996. を参照。

（2）Gough, Annette (2006) 'A long, winding (and rocky) road to Environmental Education for Sustainability in 2006,' in *Australian Journal of Environmental Education 22(1)*. pp. 71-76.

（3）原文は'Education for life: life through education'。Lifeは「生活」とも「命」とも訳出可能であるが、社会生活と生物・生命体の命の双方の意味合いが込められているため、我々の命に近い生活圏を示唆する「暮らし」と訳すことにした。

涙ではじまり、涙でおわった国際会議でした。

「プロローグ」で記したように、「深まりのプロセス」はナバホ・ネイションのベナリー氏の涙から始まりました。この予期せぬ出来事からプログラムは一気に深化の様相を呈したと言えます。

そしてもうひとつ、予期せぬことが国際会議の締めくくりである国際シンポジウムで起こりました。シンポジウム終了後にとったアンケートに、幾人もの聴衆が「涙」の一文字を記していたのです。

「海外ゲストの方々の歌や踊りに涙が流れ、なつかしい安心した気持ちになりました」。

「言葉を理解する以前に、歌と仕草（ダンス）になぜだか涙が流れてしまった自分に驚いています」。

「コナイさんの踊りに涙が出ました。他の方々の歌を聴けて、お話以上の何かが伝わってきました」。

「美しい人々とすばらしい時間を過ごせ、本当に心が震え、それを心に吸収すると同時にいっぱいの涙に変わって出ていきました」。

「ターマン教授が踊りはじめたとき、とても感動して泣き出してしまいました。日本の現代社会で失われた自然への畏敬、生きることの喜び、感謝の気持ちを感じました（原文は英語）」。

涙について言及されていなくとも、なにか忘れかけていたものや懐かしいものに触れ、自分の中の思わぬ変化に気づいた聴衆は少なくないことが、アンケートから容易に読み取れました。

言葉の世界から、歌と踊り、そして祈りの世界へ。あのシンポジウムには、直線的な世界から私たちの感性をやわらかに解きほぐしてくれるような力が働いていたのでしょうか。霊までをも合理化されてしまった、現代社会で暮らす私たちに向けて放たれた、南太平洋の詩、ナバホ民族やマオリ民族の歌と魂の奥底からの祈りの声、そして会場全体の空気をうねらせたターマン氏の舞い。これらの〈根源的なるもの〉に触れ、魂を蹂躙してきた近代世界から人々は自由になったのかもしれません。当然ながら言葉がものごとを決めていくのが国際会議の常ですが、環太平洋国際会議は随所で言葉以外のエレメントが現われ出て、ありのままの生を祝福するような方向へ、持続可能な未来の希望へと向かったと思われるのです。ロゴスの世界がホロスの世界に心地よく抱かれていた――そんな会議でした。

　自民族の過去の悲しみに想いを馳せる涙から、「生の充溢」との出会いによって促される歓喜の涙へ。似て非なる二つの涙は、ＥＳＤ、ひいては教育のあり方そのものを再考する契機を与えてくれたように思われます。言うまでもなく、涙を流すのは、私たちの心が動いているからであり、私たちの生が躍動しているからです。ナバホの涙と聴衆の涙はそれぞれ意味合いは異なりますが、双方とも、私たちが生きているということの証であり、〈いのち〉という根源的な次元とつながっているのではないでしょうか。

　ＥＳＤの国際実施計画（ＩＩＳ）、「ホリスティックＥＳＤ宣言」、「アーメダバード宣言」、これら全てに共通して謳われているのは、私たち自身の教育に対する見方、ひいては価値観の転換もしくは再方向付け《リオリエンテーション》です。ＥＳＤは新たな教育をつくり出すのではなく、既存の教育を新たな方向に向けて編み直すことが重要であると強調されています。

　では、どのような方向へと向かえばよいのか――この問いに対して、国際会議が諭してくれたのは〈いのち〉の次元で教育をまなざし直すこと。「国連ＥＳＤの一〇年」を機に、私たちは従来の近代教育の軌道を、より〈いのち〉をはぐくむ方向へと修正していくことが求められていると言えましょう。

　さて、「プロローグ」で述べた国際会議の二つ目の意義、会議の成果を参加者を超えて分かち合えるような開かれたメッセージにしてお届けできたかどうかについては、正直なところ心もとないかぎりです。ともあれ、〈いのち〉の表出としての涙に象徴された国際会議から生まれたライブラリーが、少しでも多くの人々の〈いのち〉を力づける方向へと作用していくことを祈りつつ筆を置きたいと思います。

最後に、本書が上梓されるにあたり、この場を借りて幾人かの方々に謝意をお伝えしたいと思います。本書で取り上げた国際会議は聖心女子大学前学長の海容なスピリットなくしては実現されませんでした。大学の後援のもとに国際会議を開催するという、奉職一年目の新参教員の願いを聴いて下さった故山縣喜代前学長に心よりお礼を申し上げます。同大学一期生であり、ＪＩＣＡ（国際協力機構）理事長として世界を舞台に八面六臂の活躍の、緒方貞子氏には激務の中、帯文を寄せて頂きました。厚くお礼申し上げます。また、日本ホリスティック教育協会との二人三脚で国際会議を開催まで導いて下さったユネスコ・アジア文化センターの皆様にも感謝の意をお伝えしたいと思います。長年の経験に裏打ちされた同センターの専門性なくしては、このような成果は得られませんでした。

今会議は、日本ホリスティック教育協会の創設一〇年目に実現しました。この間、協会を支え続けて下さった会員の方々があってこそ、身の丈を超えた企画にも挑戦することができました。これまでの歩みを伴にして下さった皆様に深謝いたします。そして、会議を支えて下さったお一人ひとりに、中でも、あらゆる制約のもとでの作業に献身的に取り組んで下さった野口扶弥子さんと曽我幸代さんに感謝の言葉を送ります。最後に、年に一度の定期刊行を続けながら、丁寧な本づくりへの拘りを忘れない、せせらぎ出版の山崎朝さんに謝意を表します。ありがとうございました。

二〇〇八年二月　ラオスの古都、ルアンパバーンにて

編者を代表して　永田　佳之

日本ホリスティック教育協会のご案内

●日本ホリスティック教育協会とは

ホリスティックな教育に関心をもつ人たちが学びあうネットワークとして、1997年6月1日に設立されました。学校教育関係者はもちろん、親や市民、カウンセラーや研究者など幅広い多様な足場をもつ人たちが、情報を提供しあい、相互に交流し、対話をすすめています。それを通じて、広くホリスティックな教育文化の創造に寄与したいと願っています。

●主な活動

1．隔月ニュースレター、年刊単行本（ホリスティック教育ライブラリー）、研究紀要、その他の刊行物の発行と配付。インターネットの活用（ホームページ）。
2．ホリスティックな教育実践の促進と支援、及びその交流。
3．講演会、ワークショップ等の開催。
4．国内外の関連諸学会・協会等との連携および協力。
5．その他、本会の目的達成に必要な事業。

●入会案内（詳細は下記ホームページでご覧いただけます）

区　分	会　費	配　布　物
学生会員	4,000円	ニュースレター６回・年刊単行本１回
一般会員	6,000円	ニュースレター６回・年刊単行本１回
研究会員	10,000円	ニュースレター６回・年刊単行本１回・研究紀要１回

＊入会を希望される方は、会員区分を明記の上、郵便局の下記口座に会費をお振り込みください。受領証が必要な方は事務局までご連絡ください。

＊会員資格は４月から翌年３月までを１年度とする期間です。原則として年度途中の入会でも、当年度４月からの配付物が受け取れます。

郵便局の振替口座番号　00290-3-29735
口座名　日本ホリスティック教育協会

日本ホリスティック教育協会　事務局
〒603-8577　京都市北区等持院北町56-1　立命館大学文学部　中川吉晴研究室内
TEL FAX：075-466-3231
URL：http://www.holistic-edu.org/　E-mail：mail@holistic-edu.org

編　者

永田　佳之（ながた　よしゆき）
聖心女子大学文学部教育学科教員。日本ホリスティック教育協会運営委員。著書に『オルタナティブ教育／国際比較に見る21世紀の学校づくり』（新評論）、『国際教育協力を志す人のために／平和・共生の構築へ』（学文社）など。

吉田　敦彦（よしだ　あつひこ）
日本ホリスティック教育協会代表。大阪府立大学人間社会学部教員。NPO法人京田辺シュタイナー学校理事。著書に『ホリスティック教育論』（日本評論社）、『ブーバー対話論とホリスティック教育』（勁草書房）など。

持続可能な教育と文化　－深化する環太平洋のESD－

2008年３月31日　第１刷発行
定　価　2000円（本体1905円＋消費税）
編　者　日本ホリスティック教育協会
　　　　永田佳之・吉田敦彦
発行者　山崎亮一
発行所　せせらぎ出版
　　　　〒530-0043　大阪市北区天満2-1-19 高島ビル２階
　　　　TEL. 06-6357-6916　FAX. 06-6357-9279
　　　　郵便振替　00950-7-319527
印刷・製本所　亜細亜印刷株式会社　　　装丁　濱崎　実幸

©2008 Printed in Japan ISBN978-4-88416-172-9
“Sustainable Education and Culture: Deepening ESD in the Pacific Rim”
Ed. by Japan Holistic Education Society.
Yoshiyuki NAGATA, Atsuhiko YOSHIDA,

せせらぎ出版ホームページ　http://www.seseragi-s.com
メール　info@seseragi-s.com